SARAH KIRSCH

DIE FLUT

SARAH KIRSCH

DIE FLUT

GEDICHTE

AUFBAU-VERLAG

Auswahl: Gerhard Wolf

ERDREICH

I

Landwege

Wir konnten uns nicht erinnern
An welcher Stelle das Wasser
Hin in den Untergrund ging und seit wann
Wir dieser Stromleitung folgten.
Die Blumen waren wohl lange verdorrt
Wie graue Esel lagen die Berge
Fünf Horizonte entfernt und wir rollten
In glitzernder bunter Luft
Auf einen irdenen endlosen Teller.

Bäume

Ich bin den Bäumen nachgerannt im anderen Erdteil
Den Namen wollte ich wissen ihre Verwandtschaft
Seit wann sie das Land so bevölkern die Wurzeln
Treppenstufen hervor aus dem Boden reißen
Ihre Stämme sind nur zu dritt zu umspannen
Die Rinde ist tiefgefurcht schwarz ihre Äste
Gleichen dem Leib der Pythonschlange sie tragen
Gefingerte ledrige Blätter blaue Vögel in Trauben
Die Taxifahrer sagten das wären hier so die Bäume
In einer Bibliothek von fünfzehn Etagen
Waren in den Straßen und Häusern langer Regale
Herrliche Nachschlagewerke über Gott und die Welt
Seit Jahren untergekommen Enzyklopädien Atlanten
Viel Welthistorien Schauspielerführer Glossare
Alles aus dem Leben der Schmetterlinge
Aber die knorrigen Dinger von vor der Tür
Die Mitglieder weitreichender Tunnelalleen
Konnte ich im botanischen Viertel nicht finden
Auf jeder Party fing ich wieder an von den Bäumen
Die Leute reichten mir Wasser und Brot erzählten
Stundenlang von verschiedenen Möglichkeiten Gewächse
Während der Nacht feierlich zu beleuchten
Meine Erkundungen waren ein Schlag ins Wasser
Die Bäume standen nach wie vor namenlos da
Bis ich aufgeben und abreisen mußte
Wenn ich an sie denke grüne Gestalten geschieht es
Mit einem merkwürdigen Gefühl der Leere.

Death Valley

1

Hier ist nicht Disney-Land. Alice
Steht am Anfang der Wüste, setzt ihren Fuß
Ins geologische Freiluftmuseum
Lernt in den folgenden Stunden
Erosion an großen Modellen.
Angefressene Hügel gutartige Haufen Erde
Ahmten Termitenbaue griechische Tempel
Mühelos nach aus Pompeji
Folgt ihr der Freund in zerspaltene Canyons
Die schöngefalteten Kaskaden
Stürzender Bäche aus Sand
Luden müde verdurstete Seelen
Trügerisch ein das Gestirn
Krachte durch Kuppeln gläserner Luft.

2

Im totenblassen Totenreich
In wüster kreisender Sonne
Treffen wir furchtbare Äcker an, Land
Der größten Kolchose der Welt.
Das Saatgut ist rein, des Himmels Kind
Hat die Disteln von altersher
Geduldig gewaltsam zu Kugeln verdreht.

In diesem ehrlichen Landstrich ohne den Zuspruch der Bäume
Erschrocken und fröhlich, schlingernde Seelen
Tauchen wir nach strahlenden Steinen Schiefertafeln
Eingekratztes zaubrisches Zeug Shoshonengemurmel
Salzseen Brennspiegel werfen die Bilder
Uns in den Kopf vergessene Szenerien
Auf dem Waschbrett des Winds.

Die knisternden windgedrechselten Kugeln
Zerreißen sich, greifen uns gnadenlos an
Sie durchdringen die Kleider die Schuhe, sie wollen
Bis unter die Haut, jagen uns ins Auto zurück
Und ruhen nicht während wir fahren. Wir sehen
Ihre Komplizen die Raben über des Teufels Kohlplantagen.

3

Des Freundes wehendes wildaufgestelltes Haar
Macht einen hellen Schein in der Wüste. Er späht
Nach wirbelndem Sand verborgenen Kratern er sucht
Einen englischen Weg mir vor die Füße.

4

Luft-Orgeln sirrende Steine
Riefen die Winde meilenweit her
Gierig stürzten sie sich in die Arbeit
Dem grauen dem schwarzen so rotem Gras
Letztes Leben ausblasen, ununterbrochen
Berge und Täler vertauschen
Das niedergegangene Bergwerk
Endgültig schleifen, die Spiegel
Schimmernder Borax-Seen
Auslöschen Splitter verstreun.

Wir flogen schnell dahin fanden
Nichts in den Dünen und Gott
Jagt als Sheriff hinter uns her.

5

Hinter Schienen als wäre es gestern geliefert
In dieser elenden Fremde dem Jammertal o wir glaubten
Ohne Vernunft und des Teufels zu sein
Stand plötzlich ein glitzerndes Opernhaus.
Die Besucher waren im Innern des Saales
Gleich auf die Wände gemalt, oben
Der König die Königin Halskrausen Schönheit
Auf den Balkonen, der Veilchenstrauß
Fällt schwebend die jüngere Schwester
Liebkost eine Katze und Scheitel und Locken
Der Trichter der Tuba das Flattern der Bögen
Französische Herren Zigeuner viel Volk überhaupt
In Ränge und Gänge verteilt. Die Klosterfräulein
Sitzen versteckt, aufgerissene Augen
Sehen Küsse und heimlich getauschte Briefe
Niemand weiß was hier wirklich geschieht
Alice schlägt die Gaukelei
Mit fliegenden Fingern im Baedeker nach
Die Oper ist aufgeführt und ihr Ende steht fest
Wir sind gekommen und werden gehen
Die abwesende schwarze Garderobenfrau
Reicht uns den Mantel, die Autopapiere.

6

Und später in Deutschland
Hat sie den Blick hinter die Spiegel
Vergessen, würde sie wieder
Ihr hübsches kleines Leben führen
Mit Kind und Blumentöpfen
Der Postbote bringt Briefe die froh
Die langweilig sind
Der Schreibtisch hat Schubladen
Für Steine getrocknete Blätter
Kraut und Teufelskohl
Bunt durcheinander. Und das Gefühl
Großer Vergänglichkeit
Gelänge in die Pralinenschachtel
Vom ersten Flug übern Atlantik.

Schwarzer Tag

Die hustenden Chinesen
Hatten uns pünktlich geweckt
Das Auto stand vor dem Hotel und der Freund
Schlug den Kofferraum zu.
So ein Scheißdreck, der einzige Autoschlüssel
Steckt in der Jackentasche, die Jacke
Im zugeschmissenen Kofferraum.
Aber das Mietautogroßunternehmen
Verzweigt sich bis hierher, die Schlüsselnummer
War bekannt und wir kriegten
Gleich einen neuen Schlüssel gestanzt.
Er paßte nicht, wir besorgten
Immer im Taxi, noch einen Schlüssel
Alles umsonst, und der Code war falsch.
Jetzt konnte nur noch ein Schlosser helfen
Natürlich war Sonntag, doch endlich
Sagte einer im Telefon ja und wir holten
Uns Hamburger und Doubleburger und Kaffee;
Es war allerhand los an dem Morgen
Die Sonne schien und nette Leute
Kamen und gingen mit gekämmten Kindern
Die Girls aus der Liveshow
Sonnten sich am geöffneten Fenster
Ein piekfeiner Chevrolet vom schwarzesten Schwarz
Wir hielten ihn glatt für einen Leichenwagen
Stoppte, und unser Schlosser stieg aus.
Black is beautiful. Seine Haut
Glich der Farbe des Autos, doch er war
Nur geschickt unser Unglück zu checken
Und trug es seinem Bruder mitm Funkspruch zu.
Er legte sich teilnahmslos in den Wagen
Hörte eine murrende widersetzliche Musik

Sprang eilig auf als ein Cadillac
Noch schwärzer, noch glänzender als der Chevy
Unhörbar anhielt. Dieser Bruder
Ließ den Motor gleich laufen
Schwarz wie Ebenholz das blasierte Gesicht
Der Sonntag in eigener Person
Er trug einen breiten tiefschwarzen Hut
Einen kohlpechrabenschwarzen Anzug
Ein lilienweißes zärtliches Hemd
Einen dünnen Zigarillo im Mund
Blaßblaue Badesandalen und sprach
Kein einziges Wort. Er schritt
Rücksichtslos durch die Gaffer und alle wußten
Wer hier der Boss war. Mit zierlichem Draht
Erfühlte er geschlossener Augen das Schloß
Durchschaute es ganz, schien hinter den Lidern
Einen brauchbaren Schlüssel zu sehn
Verdeckte uns mit dem Rücken den Blick
Feilte ein bißchen über dem kohlschwarzen Stoff
Und ehe die Asche vom Zigarillo fiel
Schloß er behutsam den Kofferraum auf.
Ein gottbegnadeter Künstler. Ich wette
Daß der noch ganz andre Schlösser
Und auch im Dunkeln auftuen kann.
Wir klatschten und riefen A und O
Das gehörte sich und bezahlten
Während er schon am Steuer saß
Eine ordentliche Summe samt Sonntagszuschlag
Waren noch ganz benommen
Von diesem Schauspiel
Der Akteur warf dem Bruder
Ein paar dreckige Scheine zu
Nicht eben viel und startete durch.

Der Eislauf

Vor dem Rockefeller Center dem gigantischen Steinbild
Eines Prometheus der sich gerade die Finger verbrennt
Der gewaltigen amerikanischen Weihnachtstanne
Läuft die Menschheit in Stahlschuhn auf brüchigem Eis.
Aber in diesem Land ist man sicher das Recht auf Glück
Steht in der blumengeschmückten Verfassung aus Marmor
Vierzig Fuß weiter verzeichnet mit kopfgroßen Lettern.
Eine dramatische Tonfilmmusik hält mich hier fest
Ich warte auf höllische Blitze wenn die gelangweilte Erde
Sich endlich auftut die geschminkten Schurken verschlingt
Die Paare schweben unablässig über die Eisbahn
Die erprobten alten Herren mit ihren Damen
Können die schwersten Figuren vorführen sie haben
Lebenslänglich mit verschlungenen Händen geübt
Die Knochen hingehalten fürn Gotteslohn.
Das wohlgefällige Bild wird von den Jungen gestört
Sie wollen gleich einen doppelten Salto springen gewaltsam
Ins Licht gelangen mit glitzernden Jacken wehendem Haar
Und werden niemals vollendet über das Eisfeld fliegen
Sie haben keine Geduld andres zu tun sie schnallen
Den Schlittschuh zwischendurch ab sie gehen dreimal am Tag
Zu den Dealern zu den Mädchen am Washington Square
Grauen Eichhörnchen die sich unter den wenigen Bäumen
Jahrelang aushalten lassen achtfach von tödlichen Ringen
Unaufhörlich fahrender Autos gefangen.

Die Verwandlung

Unten in den niederen Straßen, das Herz
Flog im fallenden Lift in den Kopf
Klappert noch wild, schaukeln wir jetzt
Durch Menschen und Autos, schreiende Zettel
Angebote des Himmels, des Teufels
Enden in unseren unfreiwilligen Händen
Die Leiber bewegen sich wie Atome, verklumpen
Trennen sich wieder, verschmelzen, ein träger Brei
Quillt in den Schächten dämmernder Mauern
Schiebt sich zusammen, buckelt, die Wipfel
Der ungeschlachten Häuser schwanken im Rauch
Stürzender Wolken. Ich spüre mich nicht.
Alles verdunkelt sich nun. Es gibt
Keinen Halt für die flatternden Augen
In dieser wahnsinnigen Stadt, und Tränen
Fallen mir auf die Erde; ich kotze Hals über Kopf
Erlöst in den Rinnstein. Der dreckige Ort
Bleibt unbeweglich, verschwimmt mir nicht mehr
Ich hänge dir überm Arm, unterscheide
Stimmen und Sprachen, ich erkenne die Menschen
Wieder, die Schönen und Reichen, die Grauen
Die aus den Mülltonnen leben, die Mädchen
Blaugefiederten Kinder, bärtigen Juden.

Die Entfernung

Ganz zerschunden bin ich zurückgekehrt
Dieser Ausflug hatte es in sich, ich war
Drei Wochen in einer Zentrifuge und bin
Hier noch nicht angekommen, all meine Knöchlein
Die schönen Nerven sind mir verrückt. Ich gerate
Jeden Morgen in Helens Coffeeshop
Und werde nachmittags durchgeschüttelt
In den Schluchten der Häuser, im Schatten.

Die Vogelfreiheit entzückte mich
Es war mir früher in meinem Land
So viel eingeblasen und vorgeschrieben
Daß ich die Scheißarbeit auf mich genommen
Ein bißchen davon zu glauben.
Die fröhliche neue Welt sorglos geschminkt
Ist wenigstens ehrlich. Niemand
Setzt auf Gerechtigkeit, jede Tugend
Ist brutal definiert wer zahlen kann zählt
Der Ausgelieferte darf untertauchen
Mitleid macht krank, das Elend
Wird nicht verfolgt es schläft auf der Bowery
Bis in den Mittag. Mein Selbstbewußtsein
Liegt ausgekotzt im Rinnstein, ich weiß
Was ich bin, fast nicht vorhanden
Ich bin ein frohes Geschöpf
Unter Brüdern und toten Engeln.

Die Seele war sehr dünnhäutig geworden
Ein Wachstäfelchen, das im Alkohol lag;
Sie kamen nachts mit Schlitten und Bahren
Und luden ihr Unglück ab vor meiner Tür.
In diesem frühen Winter sah ich mich
Eines Abends den Körper verlassen
War ganz schön weit oben und hatte
Die Erde im Blick, einen hellen Fleck.
Ich verstand plötzlich alles, mehr
Läßt sich dazu nicht sagen, aber ich war
Mild und versöhnlich gestimmt.

II

Fluchtpunkt

Heine ging zu Fuß durchs Gebirge
Er vertrödelte sich in Häusern, auf Plätzen
Und brauchte zwei Wochen für eine Strecke
Die wir an einem Tag durchgefahrn wären
Unsere Reisen führen von einem Land
Gleich in das nächste von Einzelheiten
Können wir uns nicht aufhalten lassen
Uns zwingen die eignen Maschinen
Ohne Verweilen weiterzurasen Expeditionen
Ins Innre der Menschen sind uns versagt
Die Schutthalden Irrgärten schönen Gefilde
Bleiben unerforscht und verborgen
Die Kellner brauchen unsere Zeitung nicht
Ihre Nachrichten sind aus dem Fernsehn
Es gibt verschiedene Autos eine Art Menschen
Alles ist austauschbar wo wir auch sind.

Reisezehrung

1

Die Augen voll märkischer Landschaft
Das Heidekraut verschwendet sich
Die volkseigenen vogelähnlichen Elstern
Schwingen sich hoch empor. Die Bewohner
Winken ein bißchen von den Brücken
Schnurren exotische Automarken herunter
Und kehren zurück in die Häuser.

Wir sollen den Weg nicht verlassen
Keine Blumen abpflücken, den müden
Wandrer im Wagen nicht aufnehmen, sonst
Schnappt uns der Wolf. Hinter Schildern
Dichtbelaubten Büschen und Bäumen
Hat er Radarfallen aufgestellt und will
Uns schröpfen. Doch wir kennen ihn schon
Und seine weißgepuderten Pfoten.

2

Wir sehen aus der Entfernung den Landsitz
Des Herrn von Ribbeck zu Ribbeck.
Die Bäume werden noch immer Birnen tragen
Aber das Schloß erscheint uns
Wenn wir vorüber fahren
Wie ein glitzerndes Trugbild.

Alles ist unerreichbar hinter den Hecken
Rankenden Blumen flatternden Blättern
Das große lockende geschwungene Tor
Wird uns immer verschlossen sein
Obwohl wir den freundlichen Namen
Klingen hörten vor langer Zeit.

3

So ist der Weg ein schwarzer Tunnel
Wir wissen nicht was draußen geschieht
Und sind den Menschen abgeschnitten.
Flüchtiges Wohlgefallen
Läßt uns Landschaften sehen
Die nicht mehr erfahrbaren schönen.
Da fluchen wir notgedrungen
Auf Schlaglöcher Bullen und lesen
Die altbekannten verwitternden Sprüche
In diesem Niemandsland auf der Durchfahrt.

4

Hier war ich zu Hause, geriet leichten Herzens
Einmal nach Fehrbellin. Auf dem Schlachtfeld
Blühte der Mohn. In blitzender weißer Sonne
Ging ich in der kleinen märkischen Stadt
Durch die buchsbaumverzierten Straßen.
Die niederen Häuser, Soldatenquartiere
Sahen dem Exerzierplatz über die Mauer.
Die Glocken der Dreifaltigkeitskirche
Schlugen einen kleinen preußischen Marsch.

5

Wie im Märchen sollen etliche Türen
Nicht mehr aufgetan sein, aber ich kenne
Was sie versperren den Anblick
Des sanften, des wildüberschlagenden Sees
Seine Fische das Wassergeflügel
Die Schaukel an langen Stricken im Baum.
Wenn ich mich rasend drehte und wie verrückt
Abstieß vom Boden die Blätter erreichte
Die Augen bis aufn Spalt zusammenkniff
Himmel und Erde sich völlig vertauschten
Erschien mir der See sein anderes Ufer
Verzaubert und wunderbar fremd
Palmen standen im Licht, Alligatoren
Trieben wie umgestürzte Bäume im Fluß
Der Schaukel weiter Pendelschlag
Schoß mich an Wolkenkuppeln Winterpalästen vorbei
Die roten Dächer hinter der Eisenbahnbrücke
Die unbewegten Zypressen im Dunst
Rissen mich ans Ufer der Rhône, und die ganze Welt
Lag mir vor den fliegenden Füßen.

6

Ich sah in Wiepersdorf alte Frauen
Pfingstrosen über den Kirchhof tragen
Die roten Blätter fielen schon ab
Und blieben auf den Steinplatten liegen.

7

Als die Eulen zu fliegen begannen, die Käuze
Einladend riefen, lief ich im Park hin und her
Traf die Dichter rings in den Tannen.
Czechowski kam klagend den Hauptweg entlang
O meine Leber rief er fressen die Geier
Ich weiß nicht wo ich fürderhin bin
Aus der Harfe des kopflosen Orpheus
Hörte Edi das Sirren und nickte.
Leising und Mickel lehnten am steinernen Söller
Als eben der Mond über Jüterbog makellos aufging
Sie tranken spanischen Rotwein von Fries
Und skandierten herrliche Stücke, Grabbe
Hatte den Finger ins Windlicht gesteckt
Und machte Elke eine lange Erklärung. Braun
Dachte einesteils andrerseits und erwog den Gedanken
Sein Schauspiel zum siebten Mal zu verändern
Da trieben uns die reinsten Akkorde
Die Stufen hinunter und ich riß die Tür auf.
Bobrowskis schöner Pferdekopf
Sah uns übers Harmonium an, ihm gehörte
Der Wintergarten mit den litauischen Bäumen
Er warf den Schneesturm an, spielte
Wolfsgeheul mit zerbrochnen Registern und Hymnen
Auf Texte von Brockes. Die flackernden Lichter
Die schaukelnden Bäume zerspringenden Gläser
Fliegenden Stimmen in dieser einzigen Nacht
In Bettines Haus. Die Schatten der Freunde
Zerstreuten sich in alle vier Winde.

8

Ich mußte eine Menge Zaubersprüche lernen
Mit großer Kühnheit im preußischen Wald
Pentagramme kritzeln das kleine Land
Bei Nacht und Nebel verlassen die Könige auch
Und wieder frei sein.
Die grauen Feldjäger die fleißigen Flurhüter
Hatten das Nachsehn. So halten sie mir
Heute und morgen den Schlagbaum geschlossen.

Ich gedenke nicht am Heimweh zu sterben.
Unauslöschlich hab ich die Bilder im Kopf
Die hellen die dunklen. Ich kann in Palermo sitzen
Und doch durch Mecklenburgs Felder gehn
Auf gelben Stoppeln schwenkt mir der Bauer den Hut.
Die Schwalben stürzen und steigen vorm Fenster
Vertraute Schatten, sie finden mich
Wo ich auch bin und ohne Verzweiflung.

Genrebild

Als ich noch fremd war
In meinen Strohschuhn
Tagelang durch den Park ging
Die Menschen aus der Ferne erblickte
Dem taubstummen Gärtner
Orangen abverlangte jeden Abend
Die Brunnen von Vögeln befreite
Denen ich Grabsprüche sagte
Einmal mit dem geborgten Fahrrad
Die sieben Hügel hinabfuhr
Versteinerte Polizisten
Sorgfältig meidend den Stadtplan
Andauernd drehte nicht wußte
Auf welche Seite des Flusses
Ich nun geraten war
Verirrte ich mich in ein schmales Haus
Dessen blankgeputzte Fenster
Mit der kleinen grauen Katze dahinter
Mir sehr behaglich erschienen
Die Treppe endete vor einer angelehnten Tür
Die Katze gähnte mich an und mein Kind
Hatte sich schon wieder den Arm gebrochen
Hallo Mum sagte es während mein Mann
Das Essen vom Feuer nahm.

Schloßparkklinik

Jeden Morgen schneit es vor den verriegelten Fenstern
Krähen in wahnsinnigen Scharen hervor aus dem Wald
Sie halten eine merkwürdige unordentliche Flugordnung ein
Nie berühren sich ihre Flügel obwohl die einzelnen Tiere
Steigen und fallen die Richtung verändern sich drängen
Ihre Stimmen sind traurig wie der Anfang des Tages
In diesem rechtschaffenen Krankenhaus früh sechsuhrdreißig
Ich unterscheide dennoch zärtliches Rufen Verlockung
Lange fliegen die schwarzen Vögel wer hier aufn Tod liegt
Muß sich entsetzen so viele Boten vom Styx
Und mich besucht der Dichter mit dem unglaublichen Namen
Der sich in diesem Haus schon lange Zeit aufheben läßt
Flügellahmer Unglücksrabe setzt sich nieder auf mein Fuß
Hat einen kleinen Triumph im Blick weil ich nun hier bin
Er will mich am liebsten verhexen einen Kokon aus mir machen
Daß ich Hände und Füße nicht mehr bewege wie er
Nur noch hinter geschlossenen Lidern in frühen Bildern
Spaziere, will mich lebend ins Schattenland abführn
Nevermore sage ich mit dunkler knurrender Stimme
Daß ich seit ein paar Tagen die Sprache der Krähen
Die draußen immer noch kreisen verstehe
Und sie begleiten muß weil ich nirgendwo bleibe.

Februar 81

An Rylejew

Wenig Dauerhaftes kein harter Mut auf dem Wandelstern
Feige Seelen flattern in den Vorzimmern der Macht
Hinter Säulen Götterbildern ehrwürdigen Fahnen
Treiben sie Unzucht mit hohen Gedanken und opfern
Dem Denunzierten eine billige blinkende Träne.

Es geht nicht um Tod oder Leben der sich bepissenden Kreatur
Ein Zuckerbrot kriegt sie, der elende krächzende Rabe
Darf den verdunkelten Stern den gehaßten geliebten
Endlich ersetzen und fühlt sich von Adlersflügeln getragen.

Macht läßt den eigenen Tod vergessen. Wer über viel Leben
Verfügen kann, dem rinnt das Blut warm in den Adern
So zittern die Greise fortwährend um den herrlichen Thron
Und befürchten noch die eigene Brut, weltfremde Toren
Die offen reden Väterchen Zar ist übergeschnappt.
Der Weise korrumpiert und vernichtet Gespenster
Schafft Ersatz durch Kastraten panegyrische Chöre.

Viel Anfechtung allerorten zarter Gefühle und Freundschaft
Schwarze Zeiten wenn die Beherrschten von Kindesbeinen an
Die doppelte Landessprache erlernten, draußen vorm Haus
Die Unsicherheit umgeht, die Lüge mit goldener Schrift
In Paläste gemeißelt wird die am bedeutenden Ort
Eilig geschleifter Tempel jetzt aufgestellt sind.

Naturschutzgebiet

Die weltstädtischen Kaninchen
Hüpfen sich aus auf dem Potsdamer Platz
Wie soll ich angesichts dieser Wiesen
Glauben was mir mein Großvater sagte
Hier war der Nabel der Welt
Als er in jungen Jahren mit seinem Adler
Ein schönes Mädchen chauffierte.
Durch das verschwundene Hotel
Fliegen die Mauersegler
Die Nebel steigen
Aus wunderbaren Wiesen und Sträuchern
Kaum sperrt man den Menschen den Zugang
Tut die Natur das Ihre durchwächst
Noch das Pflaster die Straßenbahnschienen.

Die Übung

Eines Morgens vor einem Jahr
Die jungen Linden
Die von hieraus schnurgrade
Durchs Brandenburger Tor
Hin zu den großen ziehn blühten
Ich kam aus dem Zigarettenladen
Die kleinen Revolver die Gaspistolen
Glänzten zwischen den Pfeifen
An diesem gewöhnlichen Morgen
Der so hübsch war
Weil nichts Besondres geschah
Die Katze im Wollgeschäft
Spielte mit Wolle
Der Maßschneider unterhielt sich am Fenster
Das Mädchen vom Antiquitätenladen
Hängte ein Brautkleid
Von neunzehnhundertfünf an die Tür
Der Briefmarkenhändler träumte
Von der blauen Mauritius
Der persische Teppichverkäufer
Fuhr mit dem Staubsauger
Zwischen den bunten Beeten
Seines Zaubergartens hin und her
An der Tankstelle gegenüber
Wurden Rosen gepflanzt
Der Goldschmied und Uhrmachermeister
Hinter der Lampe hatte die Lupe
Ins Auge geklemmt und sein sehr treuer Hund
Wedelte mit dem coupierten Schwanz
An diesem freundlichen hellen Morgen
Wollte ich auf der Straße
Äpfel und Kirschen kaufen

Hatte die Hand ausgestreckt als plötzlich
Ein Trupp erhitzter Soldaten
Bis an die Zähne bewaffnet
Im Laufschritt hereinbrach
Sie sangen ein seltsames schnelles Lied
Stießen Schreie hervor wie beim Töten
Der Commander hatte die lauteste Stimme
Der Letzte lief auf verwundeten Füßen
Die Passanten erstarrten
Schreckliche ausführliche Gedanken
Verschüttete Bilder
Flogen durch ihre Köpfe
Das gehetzte Zufußrennen
Beeindruckte mehr als eine Panzerparade
Der Spuk zog vorüber das Frösteln
Die Leute wischten sich was
Wie Spinnweben von den Augen
Das angehaltene Leben ging weiter
Die Autos waren wieder zu hören
Der Schneider ließ die Maschine sausen
Das Brautkleid sah ein bißchen
Nach Ferntrauung aus
Kinder stürzten aus der Schule
Schrien mit Spatzenstimmen.

Valet

Hier stößt sich der Blick an Steinen krumm und blind
Die Bäume werden im Mai grau werfen im Juni
Kummervoll ihre Blätter ab leuchtende Farben
Entspringen Reklametafeln gewaschenen Autos
Ich will nicht länger auf dem Balkon
Die eine zerfressene Rose
Liebevoll anbinden mit Chlorwasser gießen
Und obwohl diese ehrliche Stadt
Unvergleichbar allen Prüfungen standhält
Die Glaser immer ihr Brot finden werden
Will ich sie lassen mit Mann und Maus.
Ich will hin wo das schwarzbunte Niederungsrind
Brüllend den weißen Horizont abläuft
Moore nächtlich den weißen Alp ausblasen
Verschlungene Träume von Entsorgungsanlagen
Der modernden Weiden huschende Lichter
Mich rufen und bitten mir herzlich winken
Und ich natürlich untergehn kann gewöhnlich
Mein Schaf mir morgens entgegentritt
Weisen Blicks mir alles nachsieht.

III

Erdreich

Nachrichten aus dem Leben der Raupen
Der Kuckuck stottert und die gebackenen Beete
Zerreißen sich wenn ich Gießkannen schleppe
Die mir überantworteten Gewächse verlausten Gemüse
Hilflos betrachte, als ich vor Jahren
In meines Vaters Garten ging
Gab es die siebfachen Plagen
Höllisches Ungeziefer nicht und der Boden
Tat noch das Seine, der hier
Ist ein Aussteiger niederträchtig und faul
Ihn muß man bitten den Dung
Vorn und hinten einblasen sonst bringt er
Nicht maln Pfifferling vor was müssen die Menschen
Das Erdreich beleidigt haben, mir erscheint
Siebenundzwanzig Rosenstöcke zu retten
Ein versprengter Engel den gelben Kanister
Über die stockfleckigen Flügel geschnallt
Der himmlische Daumen im Gummihandschuh
Senkt das Ventil und es riecht
Für Stunden nach bitteren Mandeln.

Der Mittag

Die wilden Rosen und schwarzen Beeren
Rollen die zärtlichen Ranken aus
Das Fieber geht um im Garten, der Mohn
Betäubt sich und öffnet die Kapseln.
Wie Blitze fallen die blauen Büsche
Gebogen über den Zaun und die Falter
Die gelbgebänderten Wespen, erstarrten
Grillen in brennenden Blumen
Erschrecken mit ihren Augen.

Aus dem Grünen wühlen die Schweine
Das Schwarze die Erde hervor, sie torkeln
Das Übermaß faulender Birnen
Hat sie betrunken gemacht sie durchbrechen
Das Gatter und schürfen den Rücken
An der Rinde heidnischer Eichen.
Laut lacht die Elster sie fällt
Auf meine Schulter sie bettelt
Mirn Ohrring ab Anfang des Waldes.

St. Johannis

Des Freundes gelbe Haare wehn
Im Abendgraun das blanke Feld
Beglänzt den verfallenen Mond
Sterbende Kröten schleppen
Laichschnüre die Furchen entlang
Das Haus am Herrenmoor
Hat seine wahnsinnigen Gardinen
Neu aufgesteckt
Mit blutroten Bändern gerafft
Saturn erscheint am Gewölbe
Die Jäger erlegen einander
In sanfter Entrücktheit.

Die Berührung

Das Rauschen der Bäume die
Schwankenden Sträucher Stimmen der Tiere
Lange leuchtende helle Blumen
Selbst das Netz der Spinne am Fenster
Alles hat die Nacht weggenommen
Wir stecken einsam in den Gehäusen
Nirgendwo ist noch ein Lichtschein zu sehn
Und die Scheibe spiegelt die Lampe
Zwiefach zurück mir durch den Leib
Es ist nicht sicher, träte ich
Gleich aus der Tür alles wiederzufinden
Wie es im Licht stand, und streckte ich
Die Hand nach dem rauhen
Armdicken Stamm der Sonnenblume aus
Ich griffe ins Leere oder berührte
Schmales Handgelenk einer vergeblichen
Sonnenblumenesserin, Schalen und Kerne
Fallen ihr auf die Schuhe über die
Blaue Jacke mit dem buckligen P

Sommerabend

Auf schwarzen Weiden das Melkvieh
Suchet den Pferch auf und immer
Zur nämlichen Zeit. Der zufriedene Landmann
Sitzt auf dem Schemel am Rande des Wegs
Raucht eine Marlboro während die Milch
Wild in den gläsernen Leitungen strömt.

Selektion

Welche Unordnung die Rosenblätter
Sind aus den Angeln gefallen der Wind
Blies sie ums Haus auf die Gemüsebeete.
Streng getrennt wachsen hier in den Gärten
Magen- und Augenpflanzen, der Schönheit
Bleibt ein einziges Beet
Während den ausgerichteten Reihen
Früher Kartoffeln Möhren Endivien Kohl
Ein Exerzierplatz eingeräumt wird.

Die Wirrnis des Gartens verwirrt
Auch den Gärtner, jetzt muß
Durchgegriffen werden angetreten Salat
Richtet euch Teltower Rüben Rapunzel
Auf den Abfallhaufen Franzosenkraut
Wucherblume falsche Kamille und Quecke
Es ist verboten die nackten Füße
Wieder ins Erdreich zu stecken.

Ausschnitt

Nun prasselt der Regen.
Nun schlägt er Löcher in den Sand.
Nun sprenkelt er den Weg.
Nun wird der Weg grau.
Nun wird das Graue schwarz.
Nun weicht der Regen den Sand auf.
Nun rieseln Bäche durch den Schlamm.
Nun werden die Bäche zu Flüssen.
Nun verzweigen die Flüsse sich.
Nun schließen die Flüsse die Ameise ein.
Nun rettet sich die Ameise auf eine Halbinsel.
Nun reißt die Verbindung ab.
Nun ist die Halbinsel eine Insel.
Nun wird die Insel überschwemmt.
Nun treibt die Ameise im Strudel.
Nun kämpft sie um ihr Leben.
Nun lassen die Kräfte der Ameise nach.
Nun ist sie am Ende.
Nun bewegt sie sich nicht mehr.
Nun versinkt sie.
Nun hört der Regen auf.

Hinter der Mühle

Ich beginne mich der Baumreihen zu erinnern
Dieses Horizonts voller Eichen hinter den Bäumen
Mitten im Flachland drei angenagte Zuckerhutberge
Jeder von ein paar Fichten bewachsen darunter
Jedesmal ein halbzerfallenes winziges Haus
Ich erinnere mich auch daß wir vorher
Lange durch Rapsfelder liefen an kleinen Koppeln
Mit sehr jungen Kühen entlang und den ersten
Kleinen Berg fast ungewollt beiläufig erstiegen
Wir gingen den verwilderten Weg geradeaus
Und gerieten in einen Hollunderbuschgarten
Holztröge standen herum und grünschillernde Enten
Ordneten widerspenstige Federn ich weiß noch
Daß uns ein kläffender Spitz wütend bedrängte
Wie ihm die alte Frau Einhalt gebot
Und ich sehe den gesprungenen Steinfußboden
In der Küche des Hauses auf dem zweiten Berg
Mit der robusteren Alten der Flüchtlingsfrau
Der Förster seit vierzig Jahren im Ruhestand
War hier zu Gast mir schien wir hätten die beiden
Bei verfänglichem Tun überrascht ich erinnere mich
Daß ich in dem Hündchen der ersten Frau
Das Hündchen Strohmian erkannte dieser Nachmittag
War überhaupt sonderbar und ich denke
Diese drei Berge werde ich nicht wiederfinden
Obwohl ich weiß daß man den zweiten Feldweg
Hinter der Mühle einem gewöhnlichen Touristenhotel
Mit Ponys und Eseln einschlagen muß noch verwunschner
War dann der dritte Berg an seinem Fuß
Breitete ein dunkler glänzender Teich
Wahrhaftig sein Spiegelchen aus die Zweige
Dreier schöner Trauerweiden hingen ins Wasser

Und ein weißer sanfter Schwan trieb dahin
Die Frau in der Hütte aus gelbroten Steinen
Die Fensterscheiben waren zerbrochen altmodische
Vogelbestickte Gardinen flatterten vor und es schien
Sie zerrissen sich selbst an der bröckelnden Mauer
Die dünne schwarzgekleidete Frau mit dem Kopftuch
Hatte ein kleines sauberbestelltes Kohlfeld
Eine Ziege weißer als Strohmian und schöpfte
Für mein Kind das Kopfschmerzen hatte
Zisternenwasser aus einem Kübel ich sah
Auf dem Arm die eintätowierte vielstellige Zahl
Und ich weiß daß die Trauer die ich da spürte
Aus Wut und Schmerz zusammengesetzt war.

Beginn der Zerstörung

Unbegehbar von Mooren umschlossen
Niemals hat ein Mensch ein vierfüßiges Tier
Diese verhexte lockende Wiese betreten
Die Rinde der schwarzen Bäume, Säulen
Des Himmels, berührt, die vielstimmigen Vögel
Auffahren sehen aus geschüttelten Blättern
Wunderschöne Vögel mit Hauben, Spechte
In sehr großer Menge, blaugefiederte Tauben
Und noch die Kühe, stumpfsinniges Vieh
Benachbarten Graslands versuchen mitunter
Den Saum zu erreichen, es heißt sie mißachten
Den eigenen Zaun und zerreißen
Sich Brust und Kopfschild versinken.
Die rostbraunen Wasser betrügerischen Moose
Werfen uns alle zurück. Wir sehen
Die Wiese vom Tau beglänzt Tag und Nacht
Ihre Blumen, die nie eine irdische Hand
Fällte, Sterne, weitverzweigter Halme
Schwebende Kronen, und sind
Von aller Freude abgeschnitten durch
Unser Wünschen, wir in gewöhnlichen
Kuhweiden stehend voll Sehnsucht.

Im Traum

Der Verirrte klopfte vergeblich
Die zerfallenen Türen konnten
Mit Menschlichem nicht dienen

Ende des Jahres

In diesem Herbst wurden die Atompilze
In den Journalen solch gewöhnlicher Anblick
Daß sich beim Betrachten der Fotografien
Ästhetische Kategorien herzustellen begannen
Die Lage des blauen Planeten war absehbar
Das Wort Neutronenwaffen erschien häufig
Wie seine Brüder Benzinpreise Wetterbericht
Es wurde alltäglich wie Friedensappelle.

Mein Kind hat eine Fünf geschrieben
Was soll ich sagen es kostet schon Kraft
Seinen Anblick die Unschuld ertragen
Und wir leben unser unwahrscheinliches
Abenteuerliches Leben korrigieren die Fünf
Das Kind geht zur Schule wir pflanzen Bäume
Hören den Probealarm die ABC-Waffen-Warnung
Kennen die Reden der Militärs aller Länder.

Zunehmende Kälte

Der Winter brach zeitig herein
Schon im November zeigten
Die Thermometer arktische Zahlen
Trotzdem schneite es ununterbrochen
Bald sahen nur noch die Dächer
Einzelne Kronen sehr hoher Bäume
Hervor aus dem flimmernden Weiß.

Maulwürfen gleich gruben die Menschen
Gänge vom Haus in die Scheunen
Die Klagen hörten nicht auf
Welche Arbeit die Türen zu öffnen
Wie an die Futtermieten gelangen
Und Wasser für die Tiere erwärmen
Bis die Hochspannungsmaste
Beim letzten Schneesturm zusammenfielen.

Jetzt verendete Vieh in so großer Anzahl
Daß die Abdecker und Knochenmühlen
Ihrer Arbeit nicht nachkommen konnten
Die steifgefrornen Kadaver im freien Feld
Täglich aufgetürmt werden mußten
Von Brettern und Steinen gehalten
Und mit Schaudern dachten die Bauern
An plötzliche mildere Tage.

Als ich eingewickelt in doppelte Tücher
Mit Fellstiefeln Pelzhandschuhn
Brennspiritus holen ging sah ich
Eine Katze aufrecht erfroren
Tot wie sie ging und stand
Die grünen Augen funkelten noch
Über den Feldweg zum Dorf.

Steine

O und die weißen hochaufgetürmten Städte
Abendsonnen schweben über steilen Terrassen
Schöne Menschen gehen durch Spiegelsäle.
In den dunklen niederen Straßen
Zielen Wasserwerfer auf jene
Die sich in Nestern verschanzen
In verglichener Liebe kurz lebten.

Laute Musik

Die großen Jahrmärkte des Herbstes
Beginnen mit Freibier geschmückte Jäger
Steife Hüte goldene Hörner Posaunen
Durchstoßen die weiße Luft auf den Plätzen.
Die jungfräulichen Flötenspielerinnen
Der schöne Schellenbaumschwenker
Sind ein herrlicher Anblick am Morgen.

An diesem Sonntag predigt der Pfarrer
Den Bänken und Tölpeln schon fallen
In den Schenken die Kegel die funkelnden
Außer Atem geratenen Schaukeln die hohen
Sternenräder erzittern eh die Musik
Durch die Straßen geschwemmt wird.
Sehr ferne klirrt das Vieh mit den Ketten.

Erdrauch

Und zu verschiedenen Zeiten geschieht es
Daß wir sehr glücklich über
Irgend ein Ding eine Nachricht
Den neuen Geliebten das Kind
Umhergehen können da freut uns
Die eintönigste Arbeit da kochen wir
Wunderbare Gerichte putzen die Fenster
Und singen dabei küssen
Die eben aufgesprungene Blüte
Am Strauch vor der Tür reden
Zu Unbekannten über die Straße
Und beachten die Sonne nicht
Den leichten tanzenden Schnee
Es ist alles bekannt und vertraut
So wird es immer sein glauben wir
Und noch die furchtbaren Bilder
In den Fernsehgeräten bestärken uns
Wenigstens hier wird es so bleiben wir stapeln
Die Zeitungen die uns ruhig schlafen lassen
Sorgfältig auf bis sie abgeholt werden
Wir sind ganz lebendig hüpfen und springen
In den möblierten Wohnungen des Todes.

Das Versteck

So bricht der Tag an, ich erwache
Vom Schnurren der Röllchen
Nach Nord nach Süd wenn du
Den Vorhang zur Seite ziehst
Die alten Bäume mir vorführst
Gestaffelt im Rahmen des Fensters
Sie winken mit gespreizten Fingern
Spinnwebhandschuhn, es nicken
Negerfrisuren mir zu
Vor ihren zurückgesetzten Füßen
Ist Blinkendes zu betrachten
Der Tau aus romantischen Büchern
Und die Elstern verdrehen den Hals

Ich glaube wenn ich so weiter lebe
Die Wiese ausgebreitet vorm Fenster
Gerade von einem Vogel geträumt
Der Katze eine herzklopfende Schwalbe
Abgenommen und fliegen lassen
Aus dem Gasthof hören wir nun
Die Trompeten blasen, dann könnte ich
Lange so weiterleben in diesem Dorf
Fernab von den Autobahnen das nicht mal
Napoleon aufgespürt hat.

Noah Nemo

Abends beschließt er das Logbuch, öffnet
Die große Hölderlin-Ausgabe während
Die Nautilus ihre altmodischen Aufbauten
Seegrasbewachsene einsame Terrassen
Langsam ins Mondlicht schiebt. Es ist
Sinnlos auf den Auftrag zu warten.

KATZENLEBEN

Sanfter Schrecken

Der Himmel erinnerte mich
An weiße Veilchen die in der Mitte
Des Kelchs eine Spur Rosa zeigen
Sehr viele weiße Veilchen und ein paar blaue
Wieder war alles gründlich verwandelt
Geschliffene Klarheit vielfache Linien
Die Häuser sehr nah und ihr Innres
Lag durchsichtig vor mir ich sah
Bis in die Seele des Bäckers, die letzten
Erschrockenen Mücken wärmten die Füße
An meinem Fenster, jeder Halm
War geschärft frisch angespitzt und ich zählte
Nebenäste vierundzwanzigster Ordnung
Die Welt bestand aus Einzelheiten
Es war genau zu unterscheiden
Welches übriggebliebene Blatt
Um ein weniges vor oder hinter
Anderem leis sich bewegte.

Vorläufige Verwurzelung

Auf den Kälberwiesen steht Wasser
Grasbüschelinseln und hüpfende Vögel
Eiskanten am ausgewachsenen Schneehemd
Die Elstern spiegeln sich schon und die Katzen
Gehen sanft ihrer Wege und jede
Zu anderer eigener Zeit sie schütteln
Die vorderen Pfoten sind majestätisch
Wie ein Sack Scherben klingen die Stimmen
Weidender Perlhühner und immer in Panik
Umgestürzte Schüsseln mit Füßen
Schlagen sie sich selbst in die Flucht

Die Sonne müht sich vergeblich
Der klaren Spiegel der Pfützen halber
Durch die Wolken gelangen im weit
Fortgeschrittenen Jahr, erschöpft sich
In großangelegten barbarischen Untergängen
So sieht die Erde am Ende des Tages
Ungewiß wie ein fremder Planet aus
Mehr noch in der folgenden Nacht
Sternbilder auf mathematischen Achsen
Die vertrauten nicht auszumachen im toten
Weltall oder untergegangen

Wenn ich eins finde muß ich so frei sein
An Raum und Zeit nicht länger zu denken
Sonst flögen die Sterne hart auseinander
Cassiopeia zerkrachte und ich
Hier auf der Kugel ach wassen Stäubchen
Mit meinen ausgeworfenen Ankern
Kindern Katzen Geliebten einhundert
Tulpenzwiebeln im Erdreich Ranunkel-

Händchen daß ich nicht ausreißen kann
Und mich der Irrsinn nicht anfällt

Angehäufter nützlicher Tand
Schafe Post ertrunkener Dichter
Sensen und Sicheln verjährtes Gras
Gummistiefel für schaurige Moore
Schlüssel für Nichts und Wiedernichts
An fernen Küsten habe ich Schwalben
Wahrlich ein Hausstand der leben läßt

Teelöffel der unbekannten Urgroßmutter
Die Verbotenes dachte während ihr Blick
Ranken folgte auf dem silbernen Ding
Hin in den Stall ging Schön
Hühnchen Schön Hähnchen der unverantwortliche
Kuckuck flog übers Dach

Reglos

Der Tag kommt an aus den Wäldern
Unsichtbar es schneit in die Grenzen
Von gestern und heute ich kann
Auf der Erde nichts unterscheiden
Alles ist ununterscheidbar und gleich
Die Spuren der Wölfe der Lämmer
Die erfrorenen Hasen deckt Schnee
Er legt sich auf umgeblasene Bäume
Die lebenden will er ersticken
Er läßt die Bäche verschwinden
Moore und Teiche Felder alles ist
Gleich tot und begraben im Dämmerlicht
Sinkender drehender Schnee die Augen
Verwirren sich schwarze Flocken
Asche fällt nicht steigt auf oder der Himmel
Läßt sich herab weil die Geschöpfe sich ducken
Atemlos reglos die Stille wesenlos mondlos
Es ist nicht hell und wird nicht dunkel
Niemand geht auf den Feldern die Felder
Totenfelder wachsen hirtenlos stündlich
Der Schneefall dauert lang wie mein Leben
Ich habe den Namen der Ortschaft vergessen
Und die Straßen aufgehobenen Plätze
Wir befinden uns kurz nach dem Frieden
Wir können uns nicht erinnern was
Alles geschah das ausgelöschte Bewußtsein
Menschenleer gedankenlos kein Licht
Kein Schatten gepunktete Bilder und nur
Die Kraft sich nicht zu bewegen.

Schonzeit

Maulfaul eine fremde Sprache sprechend die nur
Das Viehzeug versteht fuhrwerke ich mich
Hin durch den Winter mal weiß mal grün
Fällt er hier vor die Füße gestern reicht er
Mirn Hundsveilchen fast ein Schmetterling her
Heute hat er alles mit Schnee überworfen
Dreierlei Krähen wie sie im Buche stehn
Flattern Erbarmen heischend vorm Fenster
Ich schneide den abergläubischen Tieren
Rotbäckige Äpfel auf und erfahre
Den Ausgang der Treibjagd eine wahre
Friedensfeier und übermorgen ist Schonzeit
Die Bauern murren sich was in die Pelze kein Schwein
Diesen Winter nur ein paar Ratten und
Bilche die Hasen in ihren stolzen Gewölben
Weißesten Schnees erzählen von früheren Zeiten
Als *sie* die Jäger noch jagten was die für
Komische Haken schlugen ich geh
Übern Schnee ich geh über das fette
Österliche Gras Anfang des Jahres seh die
Bäche fürchterlich schwellen und leichte
Brücken aufheben später sind es
Häuser und Kinder und der Winter
Fängt erst an sagt der Häher oder der
Langbekannte Pferdekopf sommers wie
Winters hängt der aus dem Fenster und redet
Von härteren Zeiten in denen die flachen
Menschen ihrer wieder bedürfen
Große Zeiten mit Zaumzeugherstellern wenn der Komet
In dieses Sonnensystem hineinfliegt viel Feuer
Sagt er voraus und bläst mir Rotz auf die Backe
»Un na Füür un Ies bleiht int Fröhjahr de

Zittlöschen« dermaßen gestärkt und getröstet
Fällt es mir leicht ins Holzhaus gelangen
Die Türen schließe ich dicht und die Fenster
Eisblumen leuchten mich an auf den Dielen.

Der grüne Doppelgänger

Der Himmel bezog sich flatterndes Dunkel
Steht über dem Sumpfloch vollgetrunkenes
Torfmoos hängt sich erschreckend und schwer
An meines Wiedergängers Füße der sich
Nicht fürchtet unter den Fittichen dunkler
Kriechender Wolken und doch vergeblich
Nach dem Abendstern ausschaut nun schöpft er
Atem und sucht seine einzige Seele
In vielen Wasserspiegeln Kreise zu Kreisen
Geordnet schwarze Beeren abgestorbene Halme
Das rostrote Wasser leuchtet und dampft

Ich stelle die Lampe ins Fenster erwarte
Den Abtrünnigen Stunde um Stunde
Sehe ihn allerwege den treulosen
Unseßhaften flüchtigen Flüchtling
Verknotete Haare zerkratztes Gesicht
Nasse Fußspur verwilderte Worte
Schwenkt Teufelskralle und Rautenzweig
Spiegelt sich schon in der Scheibe geht
Durch das Glas mir in den Leib ist in
Wirklichkeit untergekommen.

Waldstück

Der Nordwind zerstückelt die Wolken
Sie fahren über den Himmel bis in die
Wölfischen Tundren die Sonne steigt auf
Was sie an den Tag bringt verrammelte
Wälder abgebrochene Hütten im Dickicht
Die Tränen der Demonstranten kein Gras
Wächst darüber legt sich Beton.

Herzstein

Wenn die Häuser kein Strahl trifft
Nehmen sie die Farben
Umgebender Wolken Gewitterwände
Gnadenloser Feldsteine an
Ausgegangene Backöfen Trauer
Innen und Außen. Ein Ameisenhaufen
Wimmeln die Gedanken im Kreis
Um das Gerippe gestrigen Tags
Kein Stein fällt vom Herzen einem andern
Ins Brett blinde Flecken
Hindern den Blick durch die Scheiben.

Wenn das Eis geht

Das schöne Mühlrad in meinem Kopf
Unaufhaltsam dreht es sich eingedenk
Mit seinen Schaufeln Versunkenes heben
Es überschlägt sich der Strom hinter den Augen
Ist trübe und klar Strohpantoffeln
Abgeschnittene Locken Heiligenbilder
Treiben darin ersäufte Katzen und
Freundesleichen zuhauf viel Spreu wenig
Weizen gelangt auf den Mühlstein mitunter
Stöhnt das Getriebne bleibt stehn
Was sich verfangen hat bricht mir
Womöglich das Herz mein Mühlbach
Ist ohne Vernunft wenn das Eis geht
Das Rad dreht durch wirbelt Gelächter
Mir in den Leib lockere Sprossen
Schlagen das Unglück kaputt die Schwalben
Fliegen zum einen Ohr rein zum anderen
Raus

Tempus hibernum

Wenn die Verzauberung nachläßt der Frost
Eine Pause macht Kräfte sammelt die Wiesen
Fast wie im Sommer liegen der Schnee
Ein dreckiger Rest ist auf glänzenden Teichen
Schmelzwasser steht wenn das Dorf
Seine Stalltüren öffnet die vorjährigen Kälber
Einen Nachmittag traben dürfen und es rundum
Nach Mist Kuhstall und Maismieten riecht
Wenn die Bauern im Wald Holz schlagen die Spechte
Im Garten versammelt sind die Sonne bedächtig
Und eingeschrumpft im immerwährenden Nebel
Hinfällig doch früher den Gang in den Äther wagt
Eine Dorfausgabe eine einfache nützliche
Sonne von der man noch hören wird
Wenn die Felder ihre Vornehmheit ablegen
Die Verwahrlosung sich herzeigt zusammengestürztes
Gewöhnliches Dasein Mistfladen vom vergangenen Sommer
An Ort und Stelle erscheinen Baumruinen
Unter tollwütigen Wolken vagabundieren
Die schwarzen Seelen der Krähen
Auffahren im Wind wenn das Leben
Also eintönig trist und vulgär ist
Unter unholden mürrischen Menschen bin ich
Froh in landläufiger Gegend.

Die Heide

Die Sonne blendete mich ich ging
Auf irischer Heide
Schnepfenvögel eilige klappernde Flügel
Trugen Herzklopfen ein
Birken schlugen mir grob auf den Rücken
Von weitem hörte ich
Äxte stürzende Bäume
Eine Zeitung die ich nicht lesen konnte
Trieb im Wind, aus den Dünen
Kamen Gestalten mit lichten Haaren
Augen wie Sterne schwebenden Füßen
Wie sie in alten Büchern
Beschrieben werden schossen sich nieder.

Die Gänse flogen landeinwärts

Wenn der Winter sich wiederherstellt nachdem
Er zwei Wochen die Zügel schleifen ließ
Sonnige Lotterwirtschaft bei geöffneten Türen
Eine Fata Morgana endloser Wiesen die Bauern
Flogen darüber auf flügelstarken krähenden
Treckern allerhand Scheinverrichtungen
Vorzunehmen mit mehreren Hängern
Nun erheben sich an ihrer Stelle
Schwarze Vogeltürme der Sturm bläst sie auf
In niedere Wolken Schnee deckt
Die aschenfarbene Erde den Leichnam
Unter eingesunkener langverfaulender Haut.

Wenn wir zur Tür laufen nach Schritten
Ist es immer vergeblich nur der schneidende
Wind der anhaltende gleichmäßige
Feingemahlene Schnee liegen davor
Schwarze spöttische Augen die Finsternis.
Wir sind hier auf Jahre begraben
Sitzen am Schneefeuer und taun
Unsere schwarzgefrorenen Seelen auf.
Lilienfelder scheint uns das Weiße
Nun schon zu sein wir sind ganz benommen
Vom vielen Wacholder dem fetten Fleisch
Frischgeschlachteter Schweine im Rauch.

Die Geologen

Die abgeschlagene Sonne tagelang
Außerhalb dieser Dampfwelt.
Der Nebel flattert dicht daß den Vöglein
Die Stirnen zerbersten im Flug.
Nach Menschen brauchen wir
Gar nicht zu fragen nirgendwo
Nirgendwer kein Briefbote
Nicht der Hausierer mit
Hexenschußpflastern Fremdlinge
Teilen sich durch Erschüttrungen mit
Die bellende Kartaun Tilly
Oder die Schweden.

Der Sprengmeister und der Bohr-
Meister tappen im Milchwald mit
Brennenden Lunten schlagen hin
Über Stolperwurzeln die heidnischen Gruben
Sammeln sie auf, der grüne Koffer
Dynamit in prallen eckigen Säckchen
Kracht auf den Opfertisch bedenklich
Neigen sich entwurzelte Bäume.
Die Alte prustet ins Fäustchen
Sitzt auf der Gasblase eh und je gibt sie
Für kein Seelenheil her die Erdvermesser
Beißen ins Gras.

Kahlfrost

Die Natur hat einen Grad der Kargheit
Und Verkommenheit erreicht der durch nichts
Überboten werden kann, grau und verkrustet
Tiefgefroren liegt die Erde darnieder kein Aufwand
Mit jagenden Wolken Schneefall ovalen Sonnen
Die Verzauberungen sind gänzlich abgeschlossen
Die Feste wurden sämtlich gefeiert die erwarteten
Kälber geboren die Fenster im Kuhstall lange geputzt.
Die Bäuerinnen häkeln schwarze verdrossene Spitzen.

Zeitung

Spät wurden in diesem Jahr die Schafe geschoren
Die Kühe drängten sich länger als sonst in den Ställen
Wenn die Bauern elektrische Zäune flickten
Hörten sie diesmal umsonst auf den Kuckuck
Die Schwalben kamen im letzten Moment hatten Mühe
Auf leichten Flügeln ihr Mahl zu erlangen.
Dieser harte und gnadenlose sehr lange Winter
Der Schneepflug am heiligen Osterfest ließ die Menschen
Erstarren und unempfindlich gegen geringe Freude
Ihre Sisyphosarbeit tun alle Rosen
Waren auf Jahre erfroren und noch in kleinen Blättern
Fanden sich Mutmaßungen über kommende Kriege.

Gloria

Das Reich der Pflanzen gewinnt an Boden
Breitet sich aus unaufhaltsam und mächtig
Seine Farben die Banner in fünf Etagen
Wehen an Eschenschäften auf in den Himmel
Die platzenden Wiesen verschlingen die Kühe
Hellgrüne Ketten von Erbsen des Rettichs
Durchziehen den Garten kopfgroße Blumen
Locken Hummeln und Käfer ins Licht
Das närrische Unkraut viel Stengel
In eine Pore gestopft rote Pestwurz
Welscher Kümmel Knöterich Mohn alles drängt sich
In alter Weise unter der Sonne die letzten
Patronen des Winters schönes Wasser
Darin nun die Frösche rudern
Und wie verschwenderisch gehen die Veilchen
Mit ihren Kindern um eine Schleppe
Frischer Pflanzen in allen Größen
Führt vom Hügel über die Wege die übrigen
Beete die Treppe unter die Tür.

Die Ausschweifung

Keinen Hut nur die Hennahaare aufm Kopf
Unter Mittag leidenschaftlich den Pfeilen
Der Sonne ausgesetzt in strahlenden Beeten
Ohne Schatten von Haus und Baum
Kniend verwünschtes Unkraut ausreißen
Wunderbare sich selbst verschlingende
Wiedergebärende Kreise lackrote Räder
Drehn sich im Kopf Schwärze und
Schwindel brechende Dämme
Hundegebell am Rand des Bewußtseins
Der Kuckuck aus einer anderen Welt
Die Reihen schlingern im Beet Borretsch
Und Pimpernell tanzt durch die Melde
Nur die Hände sind ganz lebendig
Sinken und steigen
Wie ein Paar Schwalben.

Die Dämmerung

Es ist dunkelgrün unter dem Regen
Den alten Gewölben der Eichen
Halshoch das ungeschnittene Gras
Die tiefen schleifenden Wolken
Treffen Menschen die auf dem Grund
Des Meeres in versunkenen Dörfern
Träumerisch umgehn und Hunde schweben
Durch ein widersinniges Dasein
Die schwarzen Algen der treibende Tang
Schwimmenden Vögel fliegenden Fische
Bringen viel Unruhe mit sich
Über den Dächern sehn wir die Kiele
Englischer Kriegsschiffe ziehn.

Die Entrückung

Die Sonne schleudert unbarmherzige Hitze
Dem Grabenden auf den gebeugten Rücken
Flüche hört er verschollner Gestalten
Den uralten Kuckuck und das Gewese
Der frommen einfältigen Lerchen er sieht
Im weißen brechenden Licht
Wolkenlos Gottes Thron, auf den Stufen
Die heiligen Ackerpferde stehn
Die nun allerorts fehlen.

Steinherz

Kalte Füße mitten im Sommer nach der
Pfingsthitze der Backofenglut endloser Tage
Schafskälte sie geht den geschorenen
Tieren den Menschen hin auf die Haut
Macht ein tragbares unempfindlich
Schönrauhes Herz das die Bilder
Verschiedener junger Kriege
Auf dem Planeten aushalten läßt.

Nach der Nacht im Wirtshaus gehen die Bauern
Reumütig Steckrüben pflanzen im Wind.
Die Bäume verneigen sich und es blüht
Mit blanken Tellern verwunschner Hollunder
Totenaugen im Schatten der Blätter
Selbstvergessenes Plappern und Seufzen
Runde dörfliche Regen
Schütten sich aus und die Vögel
Rufen Menschennamen über die Felder.

Raben

Die Bäume in diesen windzerblasenen
Das Land überrollenden Himmeln
Sind höher als die zusammengeduckten
Gluckenähnlichen Kirchen, und Wolken
Durchfliegen die Kronen die Vögel
Steigen von Ast zu Ast kohlschwarze Raben
Flattern den heidnischen Göttern
Hin auf die Schultern und krächzen
Den Alten die Ohren voll alle Sterblichen
Werden verpfiffen schlappe Seelen
Über den Wurzeln und ohne Flügel.

Lamento

Alles wächst mir über den Kopf
Kletterrosen angenommene Bäume
Lange vergessen die knorrigen Pfähle
Boreas standzuhalten die sanften
Wassergüsse und Torf und Reisig
Über die wunden Füße vor Wochen
Kämmte ich ihnen Kerfe und Raupen
Körbeweis aus jetzt stehn sie
Grün und elegant an den Ecken
Lungern ums Haus sehen auf mich
Ihren Sklaven rauschend herab
Und werden mich glatt überleben
Bohnen pflücke ich von der Leiter
Der Kürbis flegelt sich faul in den
Beeten Sonnenblumen und Mais
Klopfen mir auf die Schultern
Das Kind geht in meinen Schuhn
Erhaben über den Wolken.

Zugeflogene Rose

Ersprießlicher ist der Umgang mit Pflanzen
Sie kehren wieder oder es herrscht
Gewißheit daß sie in einem einzigen Sommer
Ihr grünes Leben verschleudern Unfälle
Sind leicht zu ertragen die abgemähte
Einst zugeflogene Rose
Wird durch den Kürbis ersetzt und die
Bäume sind fast unschlagbar
Dauerhafter als der eigene Leib
Braucht der Liebhaber sich nicht
Um ihr Fortkommen sorgen der Tod
Hinsinkender sturmgebrochener Riesen
Ist ein erhabener schmerzloser Anblick.

Der Morgen

Zephir haucht Kühlung über die Wiesen
Trägt den Geruch frischen Brots
Liederlich mit sich am Anfang
Sonnenverbrannter glühender Tage
Ich geh meiner Wege Floras Geschöpfe
Ordergemäß mit Wasser versehn allerhand Finken
Treiben mich an leichtbewegliche
Kehlen bis Kälber den Grasplatz erreichen
Gähnende Bauern Federn im Haar
Ihre Mähmaschinen besteigen mit Hü und Hott
Wie im Traum in die Gemarkungen fahren.

Weglos

Die Wege im Garten sind untergegangen
Alle Pflanzen verstrickt und verknotet
Ein lebendiger schreiender Teppich
Das Volk geneigter Sonnenblumen
Hat eine Mauer errichtet.
Es bleibt nichts andres als schwebend
Der Nabel die Zehen deuten zu Boden
Den Rock aufgebunden über dem
Sitzfleisch das im Sommer nichts taugt
Der Arbeit nachkommen in leichter
Überirdischer Haltung rauchend die
Bienenpfeife.

Blaue Kugel

Wenn ich mir jetzt einen Pfarrherrn
Meines Vaters Vater betrachte
Wie er vor Jahren den Garten betrat
Die Sonne schoß durch die Zweige
Die Ranken Jelängerjelieber
Streiften sein Predigermaul
Er sah in der kopfgroßen gläsernen
Kugel die gebogene Welt
Zuvörderst sich selbst im glänzenden
Schwarz einen alten Hut
Auch aufm Kopf wie er atmete wie die
Derbe polnische Landluft
In ihn strömte der Nase entwich
Er blies einen Falter
Nach Krotoszyn hin und die Sonne
Wärmte den Leib ihm gehörte
Der Tag hier er ging
Ohne an jemand zu denken
In die runden gewölbten Wälder
Es ist ein merkwürdiges Gefühl
Ihn so aufrecht zu sehen in seiner
Gegenwärtigen Zeit die auch in Zukunft
Vergangenheit heißt wie die meine.

Katzenleben

Aber die Dichter lieben die Katzen
Die nicht kontrollierbaren sanften
Freien die den Novemberregen
Auf seidenen Sesseln oder in Lumpen
Verschlafen verträumen stumm
Antwort geben sich schütteln und
Weiterleben hinter dem Jägerzaun
Wenn die besessenen Nachbarn
Immer noch Autonummern notieren
Der Überwachte in seinen vier Wänden
Längst die Grenzen hinter sich ließ.

Die Verdammung

Weil ihm zu sterben verwehrt war
Angekettet dem heimischen Felsen der Blick
Auf die ziehenden Wolken gerichtet und immer
Allein die Bilder im Kopf stimmlos
Vom Rufen Anrufen Verdammen
Das Leben fristen war nicht zu bedenken
Göttliche Hinterlist nährte ihn so gewöhnte
Er sich langsam ins Schicksal nach Jahren
Sah er den Adler gern wenn er nahte und sprach
Stotternd mit ihm bei der Verrichtung

Oder mit entzündeten Augen verrenktem Hals
Weil der Flügelschlag ausblieb die niederen Wälder
Aufschub ihm angedeihn ließen um Tage
Harrte er des einzigen Wesens und glaubte
In der Leere des Winds der glühenden Sonne
Wenn der Fittiche Dunkel fürn Augenblick
Erquickung schenkte geborgen zu sein
Liebte den Folterer dichtete Tugend ihm an

Als die Ketten zerfielen der Gott
Müde geworden an ihn noch zu denken
Der Adler weiterhin flog weil kein
Auftrag ihn innezuhalten erreichte
Gelang es ihm nicht sich erheben den
Furchtbaren Ort für immer verlassen
In alle Ewigkeit hält er am Mittag
Ausschau nach seinem Beschatter.

Querfeldein

Wir sprachen unterirdisch erst durch die
Heide Steingräber heulten im Wind dann
Mecklenburg Brandenburg durch und es war
Ein herrlicher Morgen Veilchenwolken
Über Chausseen hochfliegende Schwalben
Wir hörten die Kühe über den Kabeln
Unsere unvergeßlichen treuen Stimmen die
Kiebitze ordentlich schrein die Sicherheit
War mit von der Partie Elke sagte
Wie mühsam es ist Tag und Nacht
Ein Atemloch offen zu halten ich sah sie
Im lichtlosen Wald als es grenzenlos schneite
In durchgelaufenen Turnschuhen stehn.

Bäume

Früher sollen sie
Wälder gebildet haben und Vögel
Auch Libellen genannt kleine
Huhnähnliche Wesen die zu
Singen vermochten schauten herab.

Weltrand

Die abgeschlagenen Köpfe der Kühe
Schweben im Nebel über den Wiesen
Wenn der gehörnte Pfarrer am Abend
Mit roten Augen im Torfstich umherirrt.
Die letzten Vögel des Sommers reden
Mit vernünftigen menschlichen Stimmen
Es gilt Abschied zu nehmen von allen
Vertrauten Blumen und Blättern.
Halb steht die Sonne über dem
Wald halb ist sie unter.

Geröll

Mühlsteine Schleifsteine aufgerissene
Schern spitze Messer wohin ich auch
Blicke leere Himmel abgestorbene
Felder die überschlagenden
Glocken im Turm der Leichenzug
Weitsichtbar auf dem einzigen Hügel
Grabsteine Flursteine der hohe Mut
Flog mit den Schwalben davon.

Dunkelheit

Und wenn sich die Stimmen Schwester es
Brennt der Wildgänse nachts überschneiden
Geh ich von Fenster zu Fenster höre die
Sturmgeschüttelten Bäume
Anklopfen um abgefallene Blätter.

IRRSTERN

Hahnenschrei

Es ist ein nettes Gefühl so früh am Morgen weit vor das Haus zu treten wenn die Lerchen in der eiskalten Luft sich befinden und mit Singen befaßt sind. Die Höfe mit ihren Kuhstallichtern wie vertäute Schiffe liegen sie weit in der Ebene drin und die Stalltüren gähnen alle Augenblicke mistkarrende Bauern hervor und es hat schon den Anschein als würden die Fröste länger nicht dauern. Wenn man ein Pferdchen besäße man könnte es ohne Zögern besteigen und auf der Kruppe des Deichs dem Flußlauf tagelang folgen ohne an Umkehr zu denken. So aber wird man zu Fuß durch den löchrigen Nebel gehn seine Pflichten erfüllen.

Eis und Schnee

Von hier sind es fünfunddreißig Kilometer zum einen fünfzig zum anderen Meer. Wenn der Sturm ausbleibt zwischen zwei Schlägen überfliegen verschiedene Möwen das Land und bringen später was ihr Name bedeutet. Jetzt liegen die Koppeln die sich kreuzenden Gräben wie eine Flikkendecke, die blinkenden Wasser die Nähte Stacheldraht der eilende fliegende Faden bis an den Geestrand Moränengeschiebe der Eiszeit, ausgebreitet in einer Stille die den einen bescheiden einen anderen toll werden läßt. Die umgekehrten einzelnen Boote hinter dem Flußdeich krumme Klingen zerschneiden hellgraue Luft wenn es nach Schlick riecht im verspäteten Frühjahr. Der alte Landwirt mit der zerschossenen Hand läuft die Grasmiete in einer Art an die auf undichte Gummistiefel schließen läßt.

Vorwort

Es gelüstet mich seit langem einen Text über Schafe zu schreiben etwas Endgültiges aus ihrem Leben berichten. Noch hindert mich der geringe Umfang meiner eigenen Herde und die Jugend der Tiere daran und daß ich nicht genügend Bescheid weiß was denen sommers oder auch winters hin durch den Kopf geht wenn der Sturm einen Scheitel ins Vlies ihnen zieht wenn die Krähenschwärme slawische orthodoxe Vögel zumeist die hier überwintern ihnen den Himmel verziern.

Fata Morgana

Die Planetenwelt sichtbar am Morgen wenn die Schneefelder im wiederkehrenden Licht matt zu leuchten beginnen vom Nebel gebremst in der Niederung wo zwischen Himmel und Erde keine Trennung besteht eine Gruppe Weidengebüsch zusammen sich fand fremdartig unter der Reifhaut, der Rest abnehmenden Monds heller und dunkler je nach der Mächtigkeit ziehender Wolken in erhabener Höhe. Wie Tamarisken sich blühend verschwenden die Purpurweiden im eigenen Widerschein kaum ein Hof ist zu sehen kein Hahn kräht irgendwonach. Auf dem Weg der im Sommer der grüne stets heißt im Winter selten genannt wird fährt ein uralter Trecker sein Anhänger schaukelt verrückt während der Sturzhelm des Bauern rote Blitze aussendet. Der Helm der entweder ein guter Einfall sein mag gegen die hartgefrorenen Brocken wenn die Mistschleuder gleich in Rage gerät oder nur eine Dithmarscher Fata Morgana oder die Sonne die aufgeht der Mistwagen der Sonnenwagen alles verschwimmt doch im Nebel durchlöchert von Krähen weggerissen über den Fluß auf dem der Eisbrecher röhrt. Der zerbrochene Spiegel bringt Unglück für den der von Schlittschuhlaufen geträumt hat kartoffeldänisches Fluchen bis der Linienbus am anderen Ufer erscheint was bedeutet daß an diesem Tag Samstag ist und ein Schaltjahr.

Wettersturz

Die jungen grellen Zweige der Purpurweiden schlagen im Wind auf den Boden Sturmböen reiten heran von den nördlichen Meeren rolln über die Erde drei Tage lang bis schlagartig hörbare flüchtige Stille einsetzt, die Elstern flogen quer übern Himmel kleine Vögel mit Spinnenfüßen sprangen durch das Feuer der Weiden. Es galt die abgestürzten Ziegel zu sammeln Heu und Stroh vom Stallboden tragen solange die Windstille anhielt. Wild griff ich die schwarzen Körbe voll Heu und stieg auf den Deich die kleinste Herde der Welt die zwei Schafe vor der Nacht mit Futter versehn, eines springt über Gräbelein das andere steht wohl unterm Dach wie gestern zu der Zeit versucht den Ballen Stroh zu zerreißen. Wenn es fehlte ich könnte es suchen und rufen die halbe Nacht und die Koppelzäune nähmen mir alle Federn. Mit dem Heutopf unterm Arm bückte ich mich dem Schuppen ein und sah das flüchtig verlorengedachte Tier fleißig am Strohballen zerrn aber das war das einzige nicht in der dämmrigen Höhle, es stand ein niegesehenes Lamm aufrecht im Stall und rief mit gläserner Stimme. Die Mutter brummte was in einer ganz neuen Art und leckte das Lamm das schleimig war und geringfügig blutig. Ich flog in den Galoschen über die Wiese so schnell sie es erlaubten Wasser zu holen und spürte Hohlheit im eigenen Leib als hätte ich gerade das Lamm hier geboren das mein erstes nun sein sollte für immer und die Knie schwankten wien hinfälliger Strommast und als ich zurück war brummte ich auch, ging dann ruhig meinem Alten die Kunde bringen und daß er ein Tor vor den Schuppen noch schlagen müßte im einsetzenden Regen.

Auf dem Deich

Als ich meine Schafe die sehr klugen Tiere nebst den Lämmlein an einem trüben doch windstillen Tag aus der Hütte hervorquellen ließ und sie ein wildes Springen begannen mit quergestellten schwarzfüßigen Körpern erschien mir der Wintertag blau. Sah auch wie unterm bereiften filzigen Gras die Knospen des Bocksbarts vom Schöllkraut sich ordentlich streckten und wie die Maulwürfe eilig zu traben begannen den Stollen dem einer Braut zu nähern. Ach ich sah weit voraus bis ins Magma der Erde bis mich die Feueradern erschreckten. Warf den Blick hochempor wo der Habicht sich wiegte, dann herabfuhr, das bekam was er wollte. Die mistfahrenden Bauern weit in der Ebene drin im Netz der Gräben gefangen konnte ich an ihren Hütchen erkennen und mit verschiedenen Namen mir vorstelln. In den Fischgrätenbäumen hüpften die Vögel und schrien eingerosteter Stimmen. Die Lämmer suchten nach ihren Müttern wedelten mit kupierten Schwänzen wenn sie das Euter über sich hatten. Alles war nun ein freundliches Bild und wie geschaffen für Postkartenfotografen wohin man auch blickte.

Wünschelrute

Hier versagt mir die angerühmte grünende Hand oder ich müßte über achtzig Finger verfügen wie eine brahmanische Gottheit, dieser schöngeschwungene seit Jahren unbescholtene Garten durchwachsen von Löwenzahnrüben Wurzel bei Wurzel ich seh nur noch Rosetten im Traum läßt mich nicht ruhn. Meterhoch blüht mir der Giersch sein unterirdisch wucherndes Flechtwerk muß man ermüden ihn oftmals mit der Sichel wegschneiden die echten Blumen verschonen schwerfällige Sträflingsarbeit und endlos, Satansgeruch wenn der Blätterwald umfällt. Teppiche aus Vogelmieren Plantagen anhängliches Klebkraut es sprengt jeden Zaun zu schweigen von Quecken und Winden klettern in die geduckten Bäume Nesselquartiere zaubrische Distelspaliere wien gleißender Niagara der Günsel Bilsenkraut Schachtelhalmwälder eine berauschende Urzeit grüne Pilze zuhauf, in Brombeerranken lebenslänglich gefangen und erst die unbehausten gemästeten Schnecken wie sie auf silbernen Spuren am Abend hin zu den Nelken gehn, mit der Wünschelrute such ich den Rettich mein Leib ist gerädert und nirgends der Ansatz einer geringen Anlage noch so fluche ich ungeschlacht weil mich Natur so schändlich über das Ohr haut ich nicht ihr Kompagnon werde vor sieben Jahren.

Mainacht

In der Mainacht mit aufgeblendeten Scheinwerferaugen die kleinen Straßen entlang alle Leuchtpfähle untergegangen in weißen Doldengewächsen weiter reichte das Licht aus den Blumen der Engelwurzschwemme seidenen Schirmen des Kümmels. Auf armem geflickten Asphalt eine tote leicht zusammengeringelte Katze die noch alles vom eigenen Wesen besaß. Am nächsten Morgen im Radio Mendelssohn wie Schumann gespielt von einem Pianisten der zum Schluß nicht genannt wird. Erinnerung an den Traum nach der Fahrt zuletzt durch die weißen Blumen. Todkranke während des Krieges sie waren völlig bei Sinnen baten zieht uns aus den Kutschen hervor erschießt die Pferde tragt uns ins Gras mit den Blumen. Mitunter wenn die Musik spielt man zu wenig schlief und nichts aß hat man die Welt in einem Punkt.

Vergangenheit

Wie lebendig ich bin in diesem Moment über den Ulmenkronen im auserkorenen Zimmer meine schönen Feldstecheraugen die eine rote Katze noch sehen fünf Kilometer weit in den Wiesen lesen einen alten Brief von Pavese den er nie abgeschickt hat mir fällt ein daß ich die frischeinquartierten Pflanzen beregnen muß bevor noch die Hitze herabfällt und gehe mit brennender Pfeife die Treppe hinunter durchquere die Küche darin sich die schlafenden milder gewordenen Fliegen befinden stehe im Hof vor grüngestrichenen Türen deren letzte ich öffne das Wasser anwerfe gleich bis zum Anschlag. Ich spähe durch die Ritzen vom Hecktor bleibe dahinter daß das klappernde Schloß die Schafe nicht aufhorchen läßt sie würden sonst rufen Leckerbissen verlangen während das Gras voller Tau liegt und ich in chinesischen Stoffschuhn drachenbestickt sehe den Regner sanft sich verbeugen nehme den gleichen Weg ins Zimmer zurück denke wie lebendig ich bin an diesem Morgen in diesem Haus die rote Katze in endlosen Wiesen ging wohl verlorn das Wasser in allen Leitungen rauscht und es stört mich kein Anblick niedergehender Wälder in diesem Landstrich der Himmel ist ein aufrichtiges Gehäuse der alte Schulmeistergarten hält mich in Atem wahllose Verwildehrung Rosen dämmern im Windengeflecht werden mich jahrelang rufen. Die Drosseln rascheln in den Johannisbeerbüschen und Franz in der Charité liegt aufn langwierigen Tod mich bindet hier alles daß ich noch hierbleiben muß Irrlichter schaukelnde Blumen im Wind plötzliche Stille gestautes Nichts wenn die Gräser unbeweglich verharren die Luft in vielen Hüllen die Dinge umgibt und ich erstaunt bin die Kröte angestammt unterm Regenrohr langsam atmend mich ansieht bis wieder Schwalbenschreie den Tag durchdringen solange sie da sind.

Boden des Meeres

Es war dieser Falkland-Sommer, als das verständige Land aber ein Königreich eben aufzuckte um seine letzten Kleinodien ein paar Schafe Farmer und Pinguine abenteuerlich Krieg zu führen begann. Wenn es tagelang regnete ich unter den ausgebreiteten sehr hohen Eichen umherging wie unter Wasser im dunkelgrünen Licht brennende Schiffe fest auf der Netzhaut glaubte ich oft ertrunken zu leben und wenn ich empor sah ins eintönigste Wasser zog etwas über mich hin das noch am ehsten den Kielen und Schatten der Kriegsschiffe glich. Hagelkörner wie Taubeneier fielen und lagen als Geschmeide unter durchschossenen Blättern auf den Viehkoppeln aus. Ein Vogel der mir ins Blickfeld geriet duckte sich eng an den Boden starrte in grünweiße Farben.

Spielraum

Die unermüdliche Sonne und Lämmerwolken erschaffen ein Schachbrett auf grünendem Land. Wechselnde Felder Schwarzgrün und leuchtende moosgrüne zärtlichste Wiesen. Die Bauern hüpfen herum das Heu noch erlangen während die Dame in Begriff steht den Kopf zu verlieren an einen Springer verbotener Farbe.

Schwarzer Vogel

Wenn ich mit dem Hollandrad das nicht zu bremsen ist aus den umgebenden Mooren rolle die Brombeerkanne am Lenker und dieses Haus vor mir sehe die altmodischen Rosen an den Spalieren die tanzenden kurzen Gardinen die goldenen Klingelschilder und Katzen hinter den Scheiben würde ich sagen wenn ich nicht wüßte daß es um meins sich handelt hier müssen glückliche Leute wohnen. Ich rede mit vollgefressenen Elstern die mir die Wäscheleine besetzen daß ich gewaschene Stücke nur noch über den Zaun hängen kann und habe im ersten Sommer in diesem Garten stürzender Bäume zwischen zwei Apfelbissen zu viel schon gewußt und neue Nachricht erhalten aber wenn ich schon anwesend bin tue ich alles was ich mir vor Jahren gewünscht hab gerate in Eifer wenn ich den Schafen die Ställe ausmiste im frischgefallenen Schnee mit ihnen trabe. Gegen Langeweile kann ich Länder verwechseln ein geringes Anwesen haben darauf Leben zu spielen ich schüttele mich vor Lachen weil alles so gut gelungen erscheint als wäre das ein herrliches Haus mit lebendigen Schafen davor obwohl es auch Kopien sein können unterirdisch durch Seile auf Rollen bewegt, ein älteres Kind steigt kurz vor dem Zaun aus dem Schulbus mit glänzenden Augen es ist mein Kind spricht verhaltener Stimme hübsche Sätze und alles sieht so echt wie im wirklichen Leben aus der Schlepper Skylla zieht seine Bahn auf dem Fluß das flechtenbewachsene Dach wird von wiederkehrenden Schwalben erkannt wenn sie die Nester verteiln und ich kann mühelos diesen gescheiterten Autodidakten in puncto Leben vergessen der sich einem schwarzen Vogel verglich als er vor Jahren auf einer Flughafentreppe zurückblieb während ich abhob in einen streckenweise bekannten Film mit völlig belanglosen Worten.

Styx

Den langen Nachmittag hatte ich vor dem Haus mein Spinnrad getreten daß es den Rücken gereute später die Wolle gezwirnt und gewaschen in den Birnbaum gehängt zwischen bewegte Blätter. Der große Fluß glänzte wien mächtiger Geist ein klagender Wind jagte mich vor sich her an die Fähre. Als ich dort stand weder gehen mochte noch bleiben winkte der leckere Fährmann leicht mit der Hand bevor er die Kette hinter mir schloß. So setzte ich über ins Abendrot ohne mich recht zu bedenken. Hübscher das Grün der Wiesen die Dolden der Archangelika vom geduckten Holunder schimmerten himmlisch am Wegrand. Die wenigen Höfe die ich sah auf ihren Warften hatten die Scheunen voll Heu bis unter die strahlenden Dächer aus Kupfer. Das Vieh auf den Weiden begleitete mich solange die Zäune es ihm erlaubten. Indem es finsterer wurde die Frösche in immer stärkerem Maße die harten Gesänge anschwellen ließen und das Geflügel der Nacht seine irre Wanderung in ausschweifendem Fluge begann gelangten mir Szenen aus den alten Büchern der Kindheit schnell ins Gedächtnis. Schaukelnder Boden Glockenheide auf hervorgehobenen Plätzen bestimmte mir meinen Weg an sinkenden Bäumen vorüber klappernden Stangen auf denen die Totentrompete erglänzte. Ein Schaf trat aus dem Nebel und führte mich an ein Wasser darin ein ertrinkendes Lamm versuchte sein Leben zu retten. Ich beugte mich nieder zogs aus dem Schlamm als die Alte recht dankbar erleichtert pißte mit dem Maule mich anstieß. Ich warf die Alraune weg die ich trug war es müde Winseln und Schrein aller Wesen zu hören. Verdoppelte meine Schritte in die Dunkelheit rein.

Stück Natur

Ins unbewohnbare Sumpfland sprudelndes Wasser nach jedem Schritt ausgesetzt sein, ein Stück Natur das sich durchbeißt. Der Sturm gibt die Richtung er kennt keinen Rückweg die überwinternden slawischen Krähen müssen seine Straße jetzt ziehn schwarze gleitende Wolken unter den andern und rufend. Ausgeblichene Gräser dunkle Maulwurfshügel geneigtes abgestorbenes Holz begleiten uns lange.

SCHNEEWÄRME

Landeinwärts

Lieber lieb ich den
Himmel die graue die schwarze
Luft als das faßbare Meer Gischt
Rosig vor Sonnenaufgang die Wellen
Traumhaft getürmt vor noch die Flut
Alles verschlingt viel Zeit
Für ne Abschweifung eingeschlossen
Verschiedene Aussicht die schöne
Grimmige Welt zum Küssen
Nah der Geliebte inmitten
Rollender Herden und später
Fliegen leichtfertige Bilder
Durch meinen Kopf prächtige Vögel
Sagen ins Ohr weshalb
Ich hier ging eine weiße
Springflut überm bröckelnden Haus
Die Fugen zierliche Schlangen
Bewegen sich und mein Maul
Lacht wenn alles zerbricht.

In den Wäldern

Die Gedichte des Herrn Lars Gustafsson
Lese ich in der Frühe wenn sich die Sonne
Ein weißer abgegessener Teller langsam
Durch den Nebel schiebt die erwachten
Vögel Geschrei anheben in zerfallenen
Dörfern viel verschiedne Naturen
Straucheln durch die Linnéschen Wälder
Schwarze Hunde auf starken Pfoten
Schiefschultrige Billardspieler Erfinder
Von Reisemaschinen es regnet
In Moose und Farne und Knechte und Mägde
Gehen von einer zur anderen Stunde
Verloren Kryptogamen ins Netz vor der
Baracke auf einer unbesonnenen
Lichtung im Niemandsland stehn
Die nicht die verlangten Papiere besitzen
Königliche Hirsche auf krachendem Eis
Ich erkenne den ukrainischen Dichter
Dem die Puschkinliebhaber die Lagerfürsten
Leben und Manuskripte abjagen Juden
mit weggeschnittenen Wegen N. auf der Flucht
Vor preußischen Steuereinnehmern Engbrüstigkeit
Überkommt mich wie Simon Dach im Gemäuer
Lautlos sterben die Bäume in den verworrenen
Den schwedischen Wäldern wenn wir
Alles gesehen haben uns zwischen
Algen und Flechten für immer in Wind
Nebel in Dorn und Hagedorn verlieren

Die Ankunft

Der leuchtende Landstrich
Heißt mit Wasserlilien willkommen.
Schwarzblühendes Feiertagsgras
Kniekehlenküsse und Zittern
Ausgebreitete Schatten im Wind Brach-
Vögel mit lächelnder Miene
Der geschlängelte der baumgefiederte Deich
Und Wolken von Schafen verteilt Treppen und
Stege dies Seelenländchen ein grüner
Himmel auf Erden die nimmermüden
Überquellenden Knicks sind ein Halt
Für meine weitsichtigen Augen.

März

Weiße Zähne die
Schneeglöckenzwiebeln beim Graben
Schwarz schwarz das Erdreich o weh
Sagt mein Kind wenn es das Wort
Gras rückwärts liest oder Leben

Die Verwünschung

Wolken prasselnder Stare im Sommer
Furcht und Verlangen nach bleiernem Himmel
Schneelastender Dunkelheit
Rauschen und Seufzern kahler Alleen
Purpurnen Zweigen kein Laut mehr
Von Treckern hitzeverrücktem Vieh
Verschlossene Häuser und Menschen
Abgetriebene Möwen aufm First und der Fluß
Gänzlich verlassen von Booten unter der
Eishaut wo jetzt Seerosen treiben die
Angler pausenlos sitzen.

Muscheln und Steine

Allein bin ich in der
Ebene hier und meine Füße
Eilen über den Meeresgrund hin
Schleudern Muscheln und Steine
Weit vor ins Land o Sommer
Wilder brütender Sommer
Gedeihlich ist solcher Weg.

Kein Druide weiß besser mein
Schicksal als ich kein Vogel
Über den Wolken. Leicht ist es
An den Sommer zu glauben den König
Der die Rosen erschaffen hat
Mich heute nacht mit dunkel
Grünem Traumzeug umgibt.

Luft und Wasser

Aus dem Sumpfland fliegt mir die Eule
Auf breiten Flügeln über den Strom
Ihre Federn berühren das Wasser
Das sich nun teilte ich sah
Meiner Schwester Gesicht höre den Wind
Schilfhalme leichter bewegen und Wolken
Ziehen auf die Nacht zu verkünden.

Viel wehes Geräusch vom anderen weiteren
Ufer die grauen Reiher verneigen sich
Auf toten Bäumen eh sie noch schlafen.
Es ist spät ich kehre hinter Türen zurück.
Der Teekessel brummt auf dem Feuer
Und verkleidete Könige reiten draußen
Auf herrlichen Pferden vorüber.

Die Verwandlung

Die Landschaft ward nun von
Fliehenden einträchtigen Katzen und
Mäusen bestimmt platzenden
Vogelschwärmen mörderischen tieffliegenden
Festungen aufspritzenden Erdfontänen.

Stoffwechsel

Hinter den Deichen in einem Gemischtwarenladen
Wohnt der Dichter der Ehrenbürger riesiger Städte
Wir sehn sein bekanntes Gesicht durch die Scheiben
Wie es unter dem schönen Adventskranz
Über den Frühstückstisch schwimmt gütig
Die Kaschubenverwandtschaft hat ihm soeben
Einen wunderbaren Krug übersandt blau-
Gefrorene Henkel am dunklen Gefäß Tulpen
Zieren den riesigen Bauch herrliche Vögel
Unbekannt in diesem Landstrich ohne
Den Trost der Bäume (Kohl ersetzt hier die Tannen
Die abgeschlagenen Strünke sind ein Furcht
Erregender Anblick im Mondlicht) so ist der Freund
Sehr zufrieden mit dem Krug der nun wie ein
Rotkehlchen singt und er blickt über das
Leinene reine Tischtuch auf dem sich gottlob
Fünf Arten Käse der sog. Leichenfinger darunter
Reichlich befinden und das ausgelassene
Fröhliche Schmalz von der Martinsgans
Sie selbst über dem Sofa auf der Konsole
Schaut uns lange mit glitzernden Augen an:
Was der Meister im Herbste verzehrte ob es die Gans
Der Schellfisch das Perlhuhn verschiedene Aale gewesen
Er schlägt es im Winter in Stein und bewahrt uns
Mit seinem Signum versehen die einfache Schönheit.

Winteranfang

Die Vogelhäuser hängen gefüllt in den
Verschlossenen purpurnen Zweigen
Itzt wenn der Frost kommt.

Die Schildkröte schläft seit Wochen
Neben der Wasseruhr wie ein Vampir
In einer Kiste mit Heimaterde.

Wenn die Schermäuse die Tulpenzwiebeln
Nicht finden werden wir vielleicht alle
Das neue Jahr erreichen

Uns zuprosten und einen Schwärmer
Über dem lautlosen Eis aufsteigen lassen
Die Menschen zu bannen.

Unterwegs

Mein Körper der mich begleitet
Lebenslänglich verfolgt
Von einem dunklen Schatten
Geformt wie ein Hund versessen
Um mich zu sein

Ein paar Worte mit Kreide
Auf die Straße geschrieben im
Regen

Der Norden

Nichts als der Wind in den Blättern.
An solch einem Tag hab ich vor Jahren
Einen Namen unter der Eiche vergraben
Zu seiner Verwesung. Bin dem Gehabe
Entkommen verrückt nach Norden
Zu den Magnetgebirgen.

Pflanzenleben

Mir war verliehn Immergrün Eisenkraut
In Kränze binden auf einfache Art
Liebe gewinnen solang ich sie suchte
Tollkirsche Aronstab meine Begleiter
Als ich mich von den Häusern entfernte
Graureiher flogen die Moorlilie blühte

Chiropteren

Während die Taube ins Nest fällt
Mir meine Seele noch wärmt
Die Abgeschiedenen leis sich versammeln
Ihre Glieder verwerfen o Herre Gott
Klingt es aus zersprungnem Portale
Silberne Pfeifen schmatzende Zungen
Seufzen und schnarren heidnisches Zeug.
Flatternde Töne unterm Gewölbe
Ein gestrandet Schiff wohl brennende Kerzen
Verwesende Lilien viel vaterländisch
Weltliche Kreuze verblichne Naturen
Auf geringer Fahrt durch die Zeit
Dämmerung wahrgenommen schneeweiße
Kälte tief unter dem Lid.
Schweinegeschrei dringt vom Kirchhof
Die Unverständigen graben wie eh
Unter den Bäumen.

Die Insel

Auch in diesem Winter
Bin ich nicht verrückt geworden.
Der Eisbrecher kommt
Wie das Amen noch in der Kirche
Und plötzlich
Hüpfen die Lämmer.

Es gibt Übleres als diese
Zersplitternden Bäume
Und die Einsamkeit
Erfreut mich schon lange.
Das Gewese der Menschen
Ist mir zuwider.

Das Meer schlägt an die
Standhaften Deiche.
Wenn ich einen
Wunsch sagen darf
So hätte ich gern
Noch einen Schafstall.

Die Flut

Ich bewege mich auf dem Knüppeldamm vorwärts.
Die Ruten der Purpurweiden begleiten mich lange
Eh sie zurückbleiben müssen mein Spiegelbild
Im offnen Wasser erscheint eilt schnell voran
Daß ich Mühe habe zu folgen es springt auf den Wellen
Begibt sich zu untergegangenen Bäumen oder
Ins zerborstne Gewölb zuletzt der Kapelle
Wo der zerschmetterte Schäfer aufgebahrt liegt.

Die Dörfer sind ausgestorben seit langer Zeit.
Moore haben trockengelegte Felder und Wiesen
Geduldig zurückgeholt ihren wabernden Körper
Weiter denn je in die Ebne geschlagen der schmale
Knüppeldamm ist das letzte geheime Zeichen ich sehe
Das falbe das unwirkliche Pferd über die schwefligen
Strudel jagen. Wie leer der Himmel nun
Über mir ist. Kein Stern keine Wolken und keine

Vogelschwinge im Lufthauch. Es ist als würde
Nichts existieren obgleich die Haare sich sträuben
Ich weiß nicht ob ich lebendig bin schwarze
Verlorenheit seltsames verzögertes Knistern
Während die Nägel flink wachsen als wär ich
Ein Leichnam. Eine hellgrüne Kugel geht ferne
Und schön am Horizont auf ich sehe ein neues
Gestirn über steigenden Wassern.

Die Flügel des Fensters

Überall Schatten für den der aus der
Zeit fiel. Dunkelheit zitternde Schatten
Noch unter den schlurfenden Zeigern der Uhren
Unter den Sohlen dessen der heimlich
Wolfsaugen zählt auf gewöhnlichen Plätzen
Dunkelheit hinter geschlossenen Lidern
Im Samowar auf weggegebenen Dingen welche
Im Antiquitätenladen ein Scheinleben führen.

Wenn es zu schneien beginnt und fremde Stiefel
Über die Stiegen poltern mit einem Klingklang
Eine Scheibe zerspringt öffnet mein Freund
Physikstudent im letzten Semester zu der Zeit
Noch halbwegs in Ordnung im Kopf die Flügel
Des Fensters über dem Antiquitätenladen Lili Brik
Spricht er hat lebenslänglich für Lili Brik
Schnee weht herein eine endlose Stille.

Draußen ist alles in Schlaf gesunken die staatlichen
Losverkäufer benachbarten Hunde Lindenalleen
Die schneebefallenen Schnapsbrüder am alten Arbat
Noch das Gewissen liegt scheintot in dieser Nacht
Und die eingefrorenen Enten im Park schreiben Runen
Mit pendelnden Köpfen in papierweißen Schnee.
Die Geheimpolizisten bewachen Geheimpolizisten.
Wir schließen das Fenster mit dem Sprung in der Scheibe.

Die Ebene

Meine geliebten
Tale lächeln mich an

Die großen Bilder alltäglich
Deutliche Klarheit der Luft scharfe
Linien um Gräser und Wolken nachts
Der Teller des Monds auf dem Wasser
Die fliegenden Tiere der Erde
Schwere steigende Leiber die sanften
Hälse vertraulich dem Wind
Dargeboten wie soll ich
Müde werden es zu benennen
Bitternis sinkt allenthalben die Trauer
In unser Frohsein weggefegt
Wie die Blätter vom Baum die
Spielenden herbstlichen Mücken
Nach starkem Frost sind wir gleich
Eh noch der Atem uns ausgeht vernichtet
Wie gelassen wäre der Abschied
Könnten wir in leichter Gewißheit
Daß diese Erde lange noch
Dauert gerne doch gehn

Schneewärme

Den Winter lebte ich
Im Packeis gefangen.
Gottes Löwin die Sonne
Hinterm Erdstern verbrannt.

In der Dämmerung fand ich
Tote Seelen die Schatten
Erstarrter Seen und Flüsse
Blank ohne Leben.

Ein Fell war gewachsen.
Das Eis zwischen den Krallen
Rief Blut vor ich sah
Wo ich herkam.

Lange hörte ich Stimmen
Immer war es derselbe
Unbegreifliche schneidende Wind.
Das Glück empfand ich im Rudel.

Wir gingen in Dörfer schlugen
Die ersten jammernden Lämmer
Vom Himmelsrande
Lösten sich Tiere mit Flügeln.

Da wurde ich schwerer ich trug
Einen Wurf unbezähmbarer Kinder
Wenn die gabelförmigen Wesen
Mit Feuer und Flamme hantieren
Galts auf der Hut sein.

Schwarzer Spiegel

Als die Schafe im Lauf des Winters
Auf der täglich wachsenden Streu
Hin unter das Dach gelangten der Esel
Die Ohren nicht länger steifzuhalten vermochte
Galt es eh noch das Frühjahr begann
Gebührlich den Stall ausmisten am Tag
Veränderlicher Schatten und Farben
Ich hatte stundenlang nachgedacht ganz vergebens
Den Zeitpunkt gesucht an dem ich es aufgab
Irgend etwas für unvergänglich zu halten
Eine kosmische Enttäuschung sondergleichen
Wie sie mich ehedem anfiel zu Einsichten zwang
Die einer gewissen stolzen Demut bedurften.

So kann ich derzeit vom Rücken des Deichs
Mühlos das grüne Schinderauto erblicken
Es naht und entfernt sich Gaukelei für die Augen
Auf der verdrehten oftmals geschlängelten Straße
Ich kenne den Alten der nie etwas bringt
Seit jenem Herbsttag als er mein Schaf
Früh schon geholt hat und ich glaube
Wenn er vorüberfährt so allbekannt grüßt
Charon mit eigenen Augen zu sehen versuche
Auf gutem Fuße mit ihm zu bleiben.

Die Blumen schlafen tief unter dem Schnee
Die Uhren hängen an den Wänden und denken
Alles geschieht wie im wirklichen Dasein
Ein Alltag der wahllos lebendig macht inmitten
Rasender Wolken verrückter Attacken des Winds
Den Teppich engverflochtenes Stroh breitgetretener
Mist stückweis aufzuheben in schöner Bewegung

Schinderei die sonderbar glücklich macht
Ich ziehe den Hut vor meinem Rückgrat aus den
Knirschenden Schulterblättern wollen mir
Flügelchen wachsen der zauberischen Forke
Ist ein *VICTORIA* eingebrannt weil und obwohl
Sie nachweislich mir gehört weiß ich nicht
Bin ich Victoria oder Herkules.

Es ist schwer bei Schneegestöber und Frost
Dergleichen Mistgebirge beherrschen
Mit einem Gefährt das ein einziges Rad hat
Ohne umzuwerfen vom Deiche gelangen
Der Wind heult das eingefrorene Baggerschiff
Mit bunten Laternen war in der Ferne erkennbar
Als die verdrossene Sonne zu gegebener Zeit
Wieder auf alles herabschien der Landbriefträger
Eine Vollbremsung ausführte mir seine Zeitung
Von vorgestern gab spärliche Nachricht
Aus Mittelerde Fragmente posthume Bücher
Wie der Freund in seinem ersten be-
Grabenen Winter aussehen mag die Spatzen
Pfeifen es mir von den Dächern.

Ich stehe in einer Landschaft
Die Vergangenheit heißt Torfstecherseelen
Gefangene die das Moor trockenlegen
Durchfliegen mich Lachen und Winseln
In der hellhörigen Luft
Heuberge fahren auf unsichtbaren
Lautlosen Schlitten über das Eis
Zu lange verschollenen Schafen
Ich schleife die Karre zum Deichrand

Stemme die Holme in die ächzende Luft
Lasse das Rad von den Stufen springen
Der schmalen verschneiten Treppe
Fange den Aufprall
Stets mit dem Leib ab
Eine Erschütterung
Die mich nichts angeht
Ein Eimer ohne Boden
Rollt und rollt
Seit Tagen im Wind wie ein
Haiku.

Ich warf das Heu in die Raufen
Und erkannte die ganze Wiese
Raygras Kuckucksnelken der Beinwell
Ein paar Korallen vergangenen Sommers
Und war in einem zerbrechlichen Zustand
Der es nicht gestattete diesen Schafen
Beherzt die Hufe zu schneiden es zog
Mancherlei auf dem Flusse vorüber
Und ich konnte mir einen Vers darauf machen
Schwarze Äste der Erlen vor meiner Nase
Abhängige Liebe zu winterlichen
Blattlosen Bäumen die ihre Pläne
So offen mir legen hineingeworfene
Vögel über den Schafen in deren
Augen ich bin.

Fusselige Konturen
Des Mirabellenwäldchens alte
Knorrige Kerle wahrhafte Sträuße von Bäumen
Gebündelt im vorzeitigen Licht
Schwankten wie Flammen
Auf siebenarmigen Leuchtern je trüber
Der Tag desto klarer die Farben wies mich
Die Elster drauf hin deren Kleid

Im fallenden wässrigen Schnee
Wunderbar glühte Ocker und Gold
Das beschwörende Schilf mir zur Seite
Erzeugte eine absichtslose Erwartung als plötzlich
Der verdammte Eisbrecher mit donnernden Hufen
Die Flußbiegung runterkommt alles zerbricht
Was mir seit Tagen das Liebste war ein schöner
Glatter gottergebener Spiegel für schwarze Bilder.

Wintermusik

Bin einmal eine rote Füchsin ge-
Wesen mit hohen Sprüngen
Holte ich mir was ich wollte.

Grau bin ich jetzt grauer Regen.
Ich kam bis nach Grönland
In meinem Herzen.

An der Küste leuchtet ein Stein
Darauf steht: Keiner kehrt wieder.
Der Stein verkürzt mir das Leben.

Die vier Enden der Welt
Sind voller Leid. Liebe
Ist wie das Brechen des Rückgrats.

Entfernung

Das halbe Leben vom Leben der Katzen
Spielt in hohen Träumen sich ab sie gehen
Weite Strecken im Schlaf oder fliegen
In blauen Wolken geflügelten Dingen nach.

Ist man hier weiß man von dort nicht mehr
Viel. Was ich erlebt habe ist mir entfallen.
Eigentlich gab es nichts zu verstehn.
O dieses mondsüchtige Leben von Katzen.
Wie Hasenbrot die Vergangenheit nun.

Die Rückkehr

Um Mitternacht fuhr ich im Boot
Von dort hierher zurück.
Der Mond schien das ganze Land
Lag da wie zur Pestzeit.

Im Traume heulte im Wind noch
Ein herrenloser Hund.
Und obgleich ich keine Sorgen hatte
Machte es mir das Herz schwer.

Entlassung

Der Pfad der Trennung windet sich durchs Land
Und Februarnebel fliegt durchlöchert ums Haus
Woraus die Wachskerzen leuchten die du
Nicht wiedersiehst.

Der Nordwind wirft die Wellen ans Ufer.
Bitter ist die feuchte Kälte des Abends.
Mein seerosengelber Ärmel streift die
Angelaufene Scheibe.

Im Winter

Ich kam nachts aus der Stadt
Und es tanzten Gestalten auf
Dem Eis und den Wiesen
Kleiner als Menschen
Größer als Hasen. Schwarz.

Ich sah einen Riß
Im dunklen Himmel
Und einen im offenen Wasser
Hinter den Rissen
Einen hellgrünen Stern.

Ich dachte nun wäre
Die Ewigkeit angebrochen
Und ich blickte
Klopfenden Herzens
Durch einen Sargspalt.

Alles hat sich verändert
Nur die Wolken
Sind noch wie früher
Ich weiß nicht ob ich
Wie früher bin.

April

Wie Fliederdolden sitzen die
Blauen Krähen jetzt in den Büschen
Träge Federtiere wenn die Geduld
Durch den alten Teppich der Wiese
Wieder den Faden zieht das beliebte
Muster vom Vorjahr entsteht. Solange
Das Leben sein eigenes Spiegel-
Bild ist erschrecken wir nicht.

Eremitage

Keiner weiß viel und weise
Ist niemand unter den Menschen
Jung war ich vor langer Zeit
Eine Abtrünnige lebe ich
Zwischen den Meeren schlafe
Auf Birkenblättern während der
Eisvogel beharrlich nach
Beute taucht vor ihm der Frost
Den Schnabel versiegelt niemand
Kennt mein Haus meinen Viehstall.

Die Tür umschlingt das Geißblatt
Vom Giebel singt die Freundin
Im drosselfarbenen Kleid.
Drei gewaltige Linden stützen
Anscheinend den Himmel für mich
Apfelbäume striegeln den Sturm.
Noch lagern Schafe und trächtige
Ziegen vor meiner Schwelle
Zahme Schwäne befahren das Wasser
Worüber die Falter schweben.

Gott hat eigenen Honig süße
Äpfel und Schlehenschnaps
Klappernde Nüsse. Gutwachsende
Binsen wilder Rosen anmutige
Mähnen wenn die leuchtende
Sommerzeit den grünen Mantel
Hervorholt und die Musik
Breitmäuliger Herren die
Vielen Rufe des Kuckucks
Den Sinn mir erfreun.

Bis der Sommer dahin ist
Nächtelang das Nebelhorn dröhnt.
Mein Zaunkönig teilt den
Winter mit mir fremde Gäste
Lassen sich nieder blitzen
Aus den reifigen Büschen.
Die Tintenzüge aus meiner Feder
Mit ihren Füßchen und Krönchen
Fallen her übers weiße Papier
Krächzen wie Raben.

Obsidian

Schwarzer runder Stein aus der
Tiefe der Erde verwandele dich
Zauberstein in einen Vogel.

Dunkle Schwingen und krachendes
Meereis über der Strömung
Treibt meinem Sohn entgegen.

Mit dem zeitigen Frühjahr kommt er
Wenn die Freudenfeuer rings brennen.
Spring schwarzer Stein über das Wasser.

Luftspringerin

Auf und davon und beizeiten
Den Königen aus dem Blick ich die
Frau Lot bin wieder beweglich was eine
Menge Arbeit gemacht hat in der
Rückläufigen Luft: Etwas habe ich
Herzlich geliebt das hat mich
Fast übern Weltrand geblasen
Eu Gott vor die Hoffnung da ausblieb
Das Würgen mir endlich im Hals saß die
Angst vor immer derselben Suppe. Glaube

Liebe und Waterloo alles zu seiner
Eigenen Zeit Tee oder Kaffee Liberté
Für die hübschen weitschweifigen Flügel und
Abhängige Liebe nur noch zu Bäumen sehr
Heftige Liebe im Untergrund und auf
Ewig. Bis das Papierkontingent
Schwarz geschrieben ist Laika
Eine Art Engel die Luftspringerin
Mir in den Ohren liegt berühmteste
Hündin unseres Klug-
Heitsjahrhunderts.

Krähengeschwätz

Mein Richtstern ist ein faust-
Großer Planet und mein Kompaß
Liegt auf dem Grund der See
Aber die Hoffnung will tanzen
Nur der Sperber über der Ebene
Liest die Gedanken.

Erde und Menschen sind
Gänzlich verwildert hilft
Kein Besinnen der Klotz
Ist unterwegs im freien Fall
Und ich selbst
Entstamme einer Familie von Wölfen.

Verstohlen geht wieder der Mond auf …

Die Wolken zerrissen über dem Moorland
Das fahl wurde und still wie die Ewigkeit.
Der Wind trug aus allen Richtungen
Nächtliche Laute her Gekrächz
Auch von Raben die beugten vom First
Sich zu den Fenstern herab deren Spiegel
Kletterrosen bespannten sie sahen
Ihr Abbild kopfüber in einem Graben
Darunter die Wildheit des Himmels.

Die Raben vergaßen das Haus die
Blumen des Gartens schwarze Meteore
Schwebten sie auf Helgoland zu des roter
Felsen wie ein Klavier im Packeis
Aus dem Eismeer aufragte viel schöner
Als in Italien der Heilige Stuhl mag sein
Daß ich etwas mit meinem Norden prahle –
Mir scheint es ich sage die Wahrheit
Schreibe mit unverdorbener Tinte.

Inhalt

KATZENLEBEN

IRRSTERN

SCHNEEWÄRME

1. Auflage 1989
Aufbau-Verlag Berlin und Weimar
Ausgabe für die Deutsche Demokratische Republik mit Genehmigung
der Deutschen Verlags-Anstalt GmbH

Einbandgestaltung Sibylle Juraschek
Typographie Kristina Niklaus
Lichtsatz INTERDRUCK Graphischer Großbetrieb Leipzig –
III/18/97
Druck und Binden LVZ-Druckerei »Hermann Duncker«,
Leipzig III/18/138
Printed in the German Democratic Republic
Lizenznummer 301.120/49/89
Bestellnummer 614 114 0
00840

ISBN 3-351-01546-1